रवीन्द्र भारती

कवि एवं नाटककार। आपकी प्रकाशित कृतियाँ हैं—'जड़ों की आख़िरी पकड़ तक', 'धूप के और क़रीब', 'यह मेरा ही अंश है', 'नचनिया', 'नाभिनाल' और 'जगन्नाथ का घोड़ा' (कविता-संग्रह); 'कम्पनी उस्ताद', 'फूकन का सुथन्ना', 'जनवासा', 'अगिन तिरिया', 'कौआहंकनी' और 'हुलहुलिया' (नाटक)।

आपकी कविताएँ कई भाषाओं में अनूदित हुई हैं। नाटकों के भी अनेक मंचन हुए हैं जिन्हें रंगकर्मियों और दर्शकों, सभी ने सराहा है। 'कौआहंकनी' नाटक पर फिल्म भी बनी है।

सम्मान और पुरस्कार : बिहार राष्ट्रभाषा परिषद का 'विशिष्ट साहित्य सेवा सम्मान', 'दिनकर सम्मान', मानव संसाधन मंत्रालय, भारत सरकार से सीनियर फेलोशिप।

सम्पर्क : ravinderbharti12@yahoo.com

कम्पनी उस्ताद

रवीन्द्र भारती

राधाकृष्ण पेपरबैक्स

पहला सजिल्द संस्करण
राधाकृष्ण प्रकाशन प्राइवेट लिमिटेड द्वारा
1996 में प्रकाशित

राधाकृष्ण पेपरबैक्स में
पहला संस्करण : 2008
दूसरा संस्करण : 2023

राधाकृष्ण पेपरबैक्स : उत्कृष्ट साहित्य के जनसुलभ संस्करण

राधाकृष्ण प्रकाशन प्रा. लि.
जी-17, जगतपुरी, दिल्ली-110 051
द्वारा प्रकाशित

शाखाएँ : अशोक राजपथ, साइंस कॉलेज के सामने, पटना-800 006
पहली मंजिल, दरबारी बिल्डिंग, महात्मा गांधी मार्ग, प्रयागराज-211 001

वेबसाइट : www.radhakrishnaprakashan.com
ई-मेल : info@radhakrishnaprakashan.com

बी.के. ऑफसेट
नवीन शाहदरा, दिल्ली-110 032
द्वारा मुद्रित

मूल्य : ₹199

COMPANY USTAD
Play by Ravindra Bharti

ISBN : 978-81-8361-215-9

बंशीकौल, रॉबिन दास, केदारनाथ सिंह,
कल्पना भाभी के लिए

लेखकीय

...पिता की उँगली और माँ का आँचल पकड़कर चलने की वह उम्र थी। शायद तब ठीक से सूथन भी बाँधने का सहूर नहीं था। हाँ, तभी लोकगीतों और नृत्यों का मेरे सामने खुलने लगा वातायन। पुरबिया धुनों की गंध गूँजने लगी मेरे आसपास। उम्र बढ़ने लगी। बढ़ती उम्र के साथ मेरे भीतर बढ़ने लगी लोक-तत्त्व की दुनिया।

उसी दुनिया में मुझे मिले ठुमरी और पूर्वी के बेताज़ बादशाह महेन्द्र मिसिर। अपने शब्दों में कहूँ तो कहूँगा, कम्पनी उस्ताद। जी हाँ, वही जिसकी जात-पात, धर्म, सम्प्रदाय से ऊपर सूखती रही धोती और जिसके गीतों ने गाँव से शहर की तरफ पलायन करते लोगों को रोकने में महत्त्वपूर्ण भूमिका अदा की तथा अपनी मिट्टी से जुड़कर रहने की सीख दी। इतना ही नहीं, बल्कि जिसने कोठों के बाज़ारू गीतों को संस्कार दिया। पुरबी को एक शास्त्रीयता दी, अनुशासन दिया। हाँ, वही महेन्द्र मिसिर जिसे समाज ने फ्रॉड और कोठे का गीत लिखनेवाला एक भाँड़ कहा।

कलाकार की इसी त्रासदी ने इस नाटक को जन्म दिया। उसी व्यक्तित्व को केन्द्र में रखकर यह नाटक लिखा गया। मगर यह उनका इतिहास नहीं है।

मिसिर जी के व्यक्तित्व और उनके गीतों को एक साथ मिलाकर नाटक रचना एक मुश्किल काम था। सम्प्रेषण के खतरे भी कई उत्पन्न हुए। उनसे निपटने के लिए मुझे इस नाटक की भाव-भूमि से मेल खाते कुछ गीत भी रचने पड़े और बाबा आदम ज़माने से

बच्चों द्वारा गाये जानेवाला गीत 'आन्ही बूनी आवेली, चिरैया ढोल बजावेली' का लेना पड़ा सहारा। दृश्य बदलने का इन दो पंक्तियों के अलावा मुझे कुछ दूसरा सटीक नहीं दिखा। उसी तरह गाँव से प्राय: लुप्त होते जा रहे लोक खेलों को भी नाटक में पिरोना पड़ा। यह सब नाटक लिखने के क्रम में स्वत: होता गया।

नाटक जब तैयार हो गया और निर्माण कला मंच (पटना) ने इसके प्रदर्शन का बीड़ा उठाया तो यह सोचकर मन फिर एक बार काँप गया कि खड़ी बोली में फेंटी गई बोलियों का अर्थ दर्शकों के बीच खुल पाएगा कि नहीं, मगर संजय उपाध्याय के निर्देशन में इस नाटक का जब पटना के कालिदास रंगालय में मंचन हुआ तो दर्शकों की शिरकत देखकर, ख़ुशी से आँखें नम हो गईं। काफी सराहा गया। थोड़े दिनों के बाद श्री राम सेंटर रंगमंडल (नई दिल्ली) की पन्नाजी (पन्ना भरतराम) ने अपने रंगमंडल के लिए इस स्क्रिप्ट का चयन किया और मुझे पत्र लिखा। मैंने सहर्ष अनुमति दे दी। बाद में इस नाटक के अनेक सफल प्रदर्शन श्री राम सेंटर में हुए। कहना होगा कि उस महानगर में 'कम्पनी उस्ताद' को पीढ़ा-पानी मिला और 'साहित्य कला परिषद्' (नई दिल्ली) ने 1994 के श्रेष्ठ नाटकों में इसका चयन किया।

मास्टर मोशाय ने कहा—
कम्पनी उस्ताद में चार ठो बात हैं
रंगरेज
अंगरेज
कम्पनी बहादुर
कम्पनी उस्ताद
फिर कहा—न, न, चार ठो नहीं—
दो ठो नहीं
सच बोलो तो एक ठो बात है
वही एक ठो बात नचाते रहता है मुझे
तू, आदमी ठीक नहीं है।...

शान्त, देखो, बोल रहे हैं शब्द
देखो चल रहे हैं—
खेतों, किताबों से आकर बाहर
मंच की रोशनी में...

—रवीन्द्र भारती

निर्देशकीय वक्तव्य

इस नाटक के सम्बन्ध में मुझे यह कहना है कि मैंने इस नाटक के ढाँचे को तीन स्तरों में बाँटा है। पहला, कला का रहस्य; दूसरा, जीवन के रहस्यों के साथ कला एवं कलाकार का रिश्ता; तथा तीसरा, कलाकार का सामाजिक सरोकार—इन्हीं तीन बिन्दुओं से होकर नाटक के उत्स तक पहुँचा जा सकता है। यह नाटक जहाँ से शुरू होता है, वहीं पर इसका अन्त भी होता है और जहाँ पर अन्त होता है वहीं से शुरू होता है। 'कम्पनी उस्ताद' यानी वह व्यक्ति जो मंच से नेपथ्य तक, भीतर उठती हूक से लेकर बाहर आती हुई लय तक सफर कर रहा है, वह उस्तादों का वह उस्ताद है और नाटककार के शब्दों में कहूँ, 'कम्पनी उस्ताद'।

मेलोड्रामा की मेलोडी, अतिनाटक की नाटकीयता एवं पोथीबन्द संवेदनाओं के अतिक्रमण के पश्चात एक नई शैली (नाट्य शैली) की अवधारणा बनती है पुरबिया शैली। पूर्वांचल के लोकजीवन में हिलोर पैदा करने वाली यह शैली किसी पहचान तथा व्याख्या की मोहताज़ नहीं है।

यदि पुरबिया शैली न होती तो सिपहिया, ओंकिलवा, मुलकवा की अवधारणा न होती और न ही बिदेसिया, बटोहिया की परम्परा विकसित होती। ठीक उसी तरह यदि महेन्द्र मिसिर नहीं होते तो भिखारी ठाकुर नहीं होते। जो भी हो, दोनों को उपेक्षा मिली। दोनों ने दो ध्रुव कायम किए। एक ने पुरबिया दी तो दूसरे ने बिदेसिया।

—**संजय उपाध्याय**

निर्माण कला मंच
पटना

मंच पर

पात्र	कलाकार
सूत्रधार/मन्निया	विवेकानन्द मिश्र
जोकर/दिलअजीज/फेंकू	अजय कुमार
कम्पनी उस्ताद	राजू मिश्रा
सुखनयन/गोपीचन्द	संजय कुमार सोनू
महादेव सेठ/लठैत-1	रामबहादुर रेणु
महंथ	राजेश कुमार सिन्हा
मुनीम/लठैत-2	किशोर
लालमन	सुरेश कुमार हज्जु
सोनाबाई	निलिमा
अजहरा बेगम	परणिता जायसवाल
बड़की दुलहिन	सीमा वर्मा
गुंजेसरी	कौशल किशोर
गुंजेसरी बहू	मधु कुमारी
रजमतिया	रानी कुमारी
सरकसवा बाबू	समीर विशाल
छोहाड़ा दास	अजय उपाध्याय

भगतजी/ग्रामीण-1	संजीव चौधरी
पौराही/ग्रामीण-2	धर्मेश शरण
बक्सीनेटर	अमरकान्त
सिपहिया	प्रकाश जायसवाल
शिष्य	शत्रुघ्न कुमार
नर्तकी	रानी, मधा, रूबी
झरैला लाल/लठैत-3	पप्पू कुमार

मंच पार्श्व

प्रकाश परिकल्पना	डॉ. अशोक तिवारी
सहायक	विपिन, मैथ्यूज, अविनाश
संचालक	संजय इलेक्ट्रिकल्स
रूप-सज्जा	धनंजय नारायण सिन्हा
सहायक	राजेश, निलिमा, किशोर
वस्त्र-विन्यास	संजय कुमार सोनू
सहायक	अजय, प्रकाश, मधु, रूबी, रानी
सेट्स	राजेश सिन्हा, मुकुल आनन्द
नाल	अजय, विवेक, राजू
नक्कारा	अरविन्द कुमार
झाल	नसीब राय
हारमोनियम	अजय उपाध्याय
तासा	धीरज कुमार
ध्वनि-प्रभाव	धर्मेश, अजय, विवेक, पप्पू
प्रचार-प्रसार	सुरेश कुमार हज्जू, अजय, राजू, विवेक
मंच-व्यवस्था	रामबहादुर रेणु, विज्येन्द्र टाँक, मदन, किशोर
पोस्टर एवं ब्रोशर कवर डिजाइन	पंकज झा
सहायक निर्देशन	विवेक, राजू
प्रस्तुति नियंत्रक	संजय कुमार सोनू

अभ्यर्थना	श्री रामचन्द्र खान, व्यास मिश्र, डॉ. बी. एन. सिंह, श्री बी.के. सिंह एवं श्री रामकुमार शर्मा
परिकल्पना एवं निर्देशन	संजय उपाध्याय
स्मारिका सम्पादन	रामबहादुर रेणु

श्री राम सेन्टर फॉर परफॉरमिंग आर्ट्स
नई दिल्ली

मंच पर

पात्र	कलाकार
कम्पनी उस्ताद	राजेश तिवारी
सूत्रधार	मलय मिश्र
जोकर	प्रवीण कुमार सिंह
लालमन	रतन वार्ष्णेय
गोपीचन्द	विजय शुक्ला
महंथ	राजेश कुमार सिंह
सेठ	रतन वार्ष्णेय
मुनीम	मनोज श्रीवास्तव/ए.आर. शम्सी
छोहाड़ा दास	ध्रुब ज्योतिसेन गुप्ता
गुंजेसरी	नीरज बहल
ब्रिटिश पुलिस	ए.आर. शम्सी, मनोज श्रीवास्तव
लाठीवाला	ए.आर. शम्सी, मनोज श्रीवास्तव
सुखनयन	विजय शुक्ला
दिलअजीज	प्रवीण कुमार सिंह
ग्रामीण	मलय, ध्रुब ज्योति, भूषण, नीरज
सरकसवा बाबू	काली मुखर्जी

सन्दीप बनर्जी	नीरज बहल
मन्निया	मलय मिश्र
फेंकू	प्रवीण कुमार सिंह
बक्सीनेटर	भूषण
पुलिसवाला	मलय मिश्र/प्रवीण कुमार सिंह
अजहरा बेगम	रूमा रजनी
सोनाबाई	अमिता खन्तवाल
बड़की दुलहिन	किरण शर्मा
रजमतिया/गुंजेसरी बहू	मनीषा ठाकुर

मंच पार्श्व

मंच परिकल्पना	रतन वार्ष्णेय, राजेश तिवारी
सहायक	मलय मिश्र, प्रवीण कु. सिंह, काली मुखर्जी
वेशभूषा	राजेश तिवारी
सहायक	रूमा रजनी, अमिता खण्टवाल
रूप-सज्जा	प्रवीण कु. सिंह, ध्रुब ज्योति सेनगुप्ता
मंच-सामग्री	ए.आर. शम्सी, मनोज श्रीवास्तव
संगीत	भूषण
सहायक	काली मुखर्जी, प्रवीण कु. सिंह, विजय शुक्ला
नक्कारा	जमील खान
सारंगी	गुलाम अली
प्रकाश परिकल्पना	गिरधारी लाल
प्रकाश संचालन	रवीन्द्र मिश्रा, गिरधारी लाल
सहायक	त्रिभुवन
प्रदर्शनी	राजेश कु. सिन्हा, रूमा, अमिता, किरण, मनीषा
मंत्र प्रबन्धक	मलय मिश्र
सहायक निर्देशक	रतन वार्ष्णेय
संगीत, रेखांकन एवं निर्देशन	संजय उपाध्याय

पूर्वरंग

[स्टेज के आगे, बाएँ एवं दाईं तरफ दो प्लेटफॉर्म और ऊपरी हिस्से में दो प्लेटफॉर्म समान ढंग से लगे हुए हैं। आगे वाले प्लेटफॉर्म से पीछे वाले प्लेटफॉर्म तक तीन स्टैंड खड़े हैं, जिन पर छाता, लालटेन वगैरह टँगे हैं। गायक, वादक, सूत्रधार, जोकर, अभिनेता आदि जहाँ-तहाँ खड़े हैं। परदा उठता है। धीरे-धीरे रोशनी स्टेज पर फैलती है। संगीत उठता है। लोग गाते हैं :]

सद्‌गुरु राखो लाज हमारी
हे सद्‌गुरु...

एक नदी भेंटन लागी
बेटी होत परायी
बेटी कहाँ गई, नहीं है मालूम
दुलहिन बनी महतारी
हे सद्‌गुरु...

एक बिरिछिया गावत-गावत
कुआँ में आग लगाई
एक प्रीत बुझावन दौड़ी
चढ़ि चिड़िया की सवारी
हे सद्‌गुरु...

[बीच में अचानक]

मसखरा : *(डाँटकर)* बन्द करो, बन्द करो! बहुत हुआ।
रहस्यवाद की करछुल से
लगा मत परम्परावादी तड़का।
कुछ नया परोस मास्टर
छोड़ पुराना लटका-झटका।

सूत्रधार : प्रार्थना, निवेदन, श्रद्धा, आदर और प्रेम,
इस फोटो के यही हैं—असली फ्रेम,
फ्रेम पूरा हुआ नहीं कि बीच में तुमने दी छींक
किस अभागे ने घुसेड़ दी तेरी नाक में ऐसी सींक।

मसखरा : सींक पर जाओ मत, फ्रेम तोड़ बनो स्टेट फारवर्ड, वरना नाटक की दुनिया में कहलाओगे बैकवर्ड।

सूत्रधार : माने?

मसखरा : कद्दू!

सूत्रधार : *(दर्शकों की तरफ हाथ जोड़कर)* बाबूजी, आप लोग माफ़ कीजिएगा। जंटुलमैन भाई, माफ़ कीजिएगा। इसकी बात का बुरा मत मानिएगा। असल में कुछ दिन होमगडई में रहा। यहाँ-वहाँ, सर-संगत में घूमा-फिरा। मग़ज़ ख़राब हो गया है।

मसखरा : क्या कहा? मग़ज़ ख़राब हो गया है? हाँ, जरूर ख़राब हो गया है। अगर ख़राब नहीं होता, तो क्या मैं तुम्हारे थियेटर में रहता? मैं भी शर्मा जी, वर्मा जी, यादव जी, सिंह जी, गुप्ता जी की तरह कोई सेवा-संस्थान खोल लेता। खेलता काग़ज़ का खेला। काग़ज़ पर ही आहर, नहर, मकान, दुकान, अस्पताल, शौचालय दिखलाता और कोढ़ी को, लूला को, गरीबी-बेकारी को बेचता। गाड़ी-वाड़ी, हेन-तेन क्या नहीं होता अपन के पास!

सूत्रधार : *(दर्शकों से मुखातिब होकर)* सुन रहे हैं न, इसकी बतकही। अब तो विश्वास हो गया न कि इसका मग़ज़ ख़राब हो गया है?

मसखरा : *(गाने का स्वर)*

हमारा मग़ज़ हो गया है ख़राब
हमारी ही कमाई पर बने हैं नवाब
हमारा मग़ज़...

चवन्नी की बीड़ी अठन्नी का कबाब
उस पर है मास्टर का इतना रुआब
हमारा मग़ज़...

न बेटी की शादी
न बेटे को जॉब
कलाकारी ने मार दिया
चेहरे का आब
हमारा मग़ज़...

सूत्रधार : *(फुसलाने की मुद्रा में)*

रामदास, चिन्ता मत कर
मन में रख दिलासा।
एक दिन जरूर पलटेगा
हम कलाकारों का पासा॥

मसखरा : छोड़ो यह सब, खेला शुरू करो...खेला।

सूत्रधार : खेला तो कब का शुरू हो गया होता, तुम्हीं तो करने लगे खेल में खेल।

मसखरा : हम तो सिर्फ़ इतना चाहते हैं मास्टर कि खेला करो, मगर वैसा, जिसमें कौतूहल हो। जैसे छुटपन में बाइस्कोप देखने में होता था। जैसे कलकत्ता शहर को होता है फुटबाल में। वैसा, जिसमें थोड़ा आसमानी हो, थोड़ा सुलतानी...

सूत्रधार : समझ गया। समझ गया।

दुहाई सद्‌गुरु
रखना मान-मरजाद।
कलाकार पर खेला है
नाम है कम्पनी उस्ताद॥

मसखरा : *(विस्मय से)* कम्पनी उस्ताद? कहीं वही तो नहीं, जिन पर गाना है कि 'नोटवा छापि...छापि गिनिया भुनवला हो महे...न्दर मिसिर...'

[बीच में ही मास्टर मसखरे के मुँह पर उँगली रख देता है।]

सूत्रधार : चुप साला! चुप! अभी सारा भेद खोल देगा।

[धीरे-धीरे रोशनी लोप हो जाती है।]

पहला अध्याय

पहला दृश्य

[स्टेज पर खड़े तीनों स्टैंडों के बीच महिला पात्र खड़ी हैं। स्टेज के ऊपरी हिस्से पर बाईं तरफ के प्लेटफॉर्म के चारों तरफ कोरस टीम खड़ी है। आगे दाईं तरफ के प्लेटफॉर्म पर मसखरे का मुँह दबाए सूत्रधार खड़ा है और आगे दाईं ओर के प्लेटफॉर्म पर ढोलक और हारमोनियम रखा हुआ है। हारमोनियम के सामने बैठे हैं छोहाड़ा दास।

बिजली के कड़कने की आवाज़ के साथ स्टेज पर रोशनी धीरे-धीरे फैलती है। मसखरा आसमान की तरफ देखता है और नाक से गाने लगता है :]

मसखरा : आन्ही बूनी आवेली
चिरैया ढोल बजावेली...

कोरस : *(गाने को तीन बार दुहराते हुए :)*
आन्ही बूनी आवेली
चिरैया ढोल बजावेली

[सूत्रधार मसखरे को लेकर नेपथ्य में चला जाता है। महिला पात्रों का कोरस के स्वर में मिलाते हुए स्वर शुरू होता है। नृत्य :]

आन्ही बूनी आवेली *(एक बार)*
चिरैया ढोल बजावेली

छोहाड़ा दास : *(गाते हैं)*

दगा होय गय बालम *(तीन बार)*

गय झुलनी टूट

दगा होय गय बालम

कोरस : *(समवेत स्वर में)*

आन्ही बूनी आवेली *(तीन बार)*

चिरैया ढोल बजावेली...

[कोरस के बाहर बारिश से अपने को बचाते कम्पनी उस्ताद खड़े दीखते हैं। कोरस टीम से एक आदमी छाता लेकर आगे बढ़ता है और छाते के नीचे कर उन्हें कोरस टीम में ले आता है।]

छोहाड़ा दास : *(गाते हैं :)*

सगरे सोनरवन से

गय यारी छूट

दगा होय गय बालम

गय झुलनी टूट

दगा...

[कम्पनी उस्ताद छाता के बाहर निकलते हैं और छोहाड़ा दास के पास चुपचाप बैठ बजाते हैं। 'आन्ही बूनी' गाते हुए बाकी कलाकार नेपथ्य में चले जाते हैं। छोहाड़ा दास का निर्गुन पूरा होता है और उनकी निगाह कम्पनी उस्ताद पर पड़ती है। कम्पनी उस्ताद के कन्धे पर हाथ रखते हैं छोहाड़ा दास कि ढोलक की आवाज़ बन्द हो जाती है।]

छोहाड़ा दास : *(आश्चर्यजनक ढंग से)* अतना रात गए कहाँ से? अतने बरखा-बूनी में!

कम्पनी उस्ताद : *(हकलाते हुए)* घर से।

छोहाड़ा दास : केहु से कुछ टंटा भवा? बहुत मलिन दिखत हो!

कम्पनी उस्ताद : ना, टंटा के-से-होई...वही पुजारी जी...जवन है कि...

छोहाड़ा दास : हम कुछ समझा नाही। कौन पुजारी? तोहार बड़का भाई? उनसे कुछ भवा?

कम्पनी उस्ताद : उनकी नज़र में हम नटुवागीरी करत हैं। धरम लेत हैं। खानदान की इज़्ज़त में बट्टा लगावत हैं। हमरे घर में रहे से लड़िकन का बियाह न होई।

छोहाड़ा दास : दिमाग़ उनका सनक गवा है। तोहार कसूर यही है न, कि तुम नाच-गान के स्कूल में मास्टरी करत हो।

कम्पनी उस्ताद : और का! नाच-गान सिखावे के वे समझत हैं नचनिहाँ होब। अब आपै देखौ कि अजहरा बेगम का नाम लेकर का नाही प्रचार भवा, कितनी मुश्किल से स्कूल खुला; प्रचार टोली बनी। आप के याद है न?

[यह कहते-कहते कम्पनी उस्ताद स्मृतियों में खो जाते हैं। धीरे-धीरे रोशनी मन्द हो जाती है। फ्लैश बैक उभरता है। स्टेज के ऊपरी हिस्से की बाईं तरफ रखे प्लेटफॉर्म के चारों तरफ बैठे दिखते हैं ग्रामीण। आगे के दाईं तरफ वाले प्लेटफॉर्म से मसखरा और सूत्रधार ढोलक-मजीरा लिये उठते हैं। संगीत उठता है :]

झमकोइया मोरे लाल
झमकोइया मोरे लाल...

अजहरा बेगम नृत्य-गायन में, कम्पनी उस्ताद
झमकोइया मोरे लाल...

पखावज पर मुखतार मियाँ
तबले पर शमशाद
झमकोइया मोरे लाल...

[अजहरा बेगम स्टेज पर नाचती हुई करती हैं प्रवेश। प्रकाश बुझ जाता है। दूसरा फ्लैश-बैक उभरता है।

गायकों की टोली नेपथ्य में चली जाती है। कम्पनी उस्ताद के पीछे खड़ी हैं अजहरा बेगम। रोशनी स्टेज पर फैल जाती है।]

अजहरा बेगम : *(भावप्रवण मुद्रा में)* आपके लिए एक खरगोश लाई हूँ। इतना प्यारा है कि देखते ही आप ताज़ा हो जाएँगे। उसकी आँखों में पंछियों की चहचहाहट से भरी सुबह है। एक नहीं, कई। हर सुबह का अपना रंग है। ऐसा नायाब रंग कि मत पूछिए कुछ।

कम्पनी उस्ताद : हमरे पास रह सकी, ऐसी नायाब चीज़!

अजहरा बेगम : नायाब आदमी के पास नायाब चीज़ नहीं रह सकेगी, तो किसके पास रहेगी?

[यह कहते हुए अजहरा बेगम कम्पनी उस्ताद के आगे एक रूमाल लहरा देती हैं जिसमें कशीदे से बना हुआ है खरगोश।]

कम्पनी उस्ताद : *(हँसते हुए)* वाह, ख़ूब रहा!

अजहरा बेगम : हमारी मुहब्बत है यह। ख़ुदा के लिए अपने पास ही रखिएगा इसे। रखिएगा तो?

कम्पनी उस्ताद : *(थोड़ी गम्भीर मुद्रा में)* किसी अपने को रूमाल देने का अर्थ समझती हो?

अजहरा बेगम : बताइए?

कम्पनी उस्ताद : झगड़ा हो जाता है।

अजहरा बेगम : हममें झगड़ा कभी नहीं होगा। हम तो साज़ हैं—साज़। हमें कोई छेड़ेगा तो हम बजेंगे। दिल से बजेंगे। झगड़ेंगे कैसे?

कम्पनी उस्ताद : हमें तो अपने बजे का है। जैसे अपने बजत हैं मेघ, अपने बजत है नदी, अपने बजत है हवा। मूल है राग।

अजहरा बेगम : और सुर?

कम्पनी उस्ताद : वह तो संगीत की बोली है, भाषा है। अपने राग, सुर से सब केहु का जान-परिचय हो, प्रेम-भाव बढ़े, यही बदे

स्कूल खोला है। जेह दिन राग-रागिनी की दीवानगी पैदा भई, वह दिन समझो गवैया-बजैया स्कूल होय गवा।

अजहरा बेगम : आप के कहे का मतलब है कि स्कूल में स्कूल का दाखिला करे का है। बस, स्कूल की राह दिखा देनी है।

कम्पनी उस्ताद : वह अर्थ में नाहीं जवन अर्थ में दुनिया समझत है। हमरे कहे का मतलब है कि जैसे रजनीगंधा, बेला, चमेली सहज हैं, अपनी मिट्‌टी, पानी से एकाकार हैं। वही तरह होबे के है। वे सहज हैं, एकाकार हैं तभी तो अपने रंग में खिलत हैं, अपनी ख़ुशबू में उड़त हैं। रंगाय ढारो चुनरी...*(कम्पनी उस्ताद गाते हुए आलाप लेते हैं।)*

रंगाय ढारो चुनरी
नाहीं परान रिसअइहैं
रंगाय ढारो चुनरी...

[प्रकाश धीरे-धीरे बुझ जाता है। स्टेज के ऊपरी हिस्से के प्लेटफॉर्म के पास जो ग्रामीण बैठे हैं, वहाँ फ्लैश-बैक उभरता है। ग्रामीणों के बीच सरकसवा बाबू और महंथ का प्रवेश होता है।]

सरकसवा बाबू : कसबिन के पीछे दीवाना है। स्कूल का खुला कि अय्यासी का अड्‌डा होय गवा। गाँव के लड़का-लड़की सब बर्बाद होत हैं। बड़की दुलहिन को और कुछ न मिला, तो रंडी और भड़ुआ का स्कूल खोल के बैठ गईं।

महंथ : जवन दिन कम्पनी स्कूल न जात है, उस दिन कसबिनियाँ गाँव में खोजे चलि आवित हैं।

सरकसवा बाबू : सबकी जड़ में ललमनवा है। चमार की जाति...साला। जहाँ अकेले में देखो, वहीं मारो दस जूता। साला, कम्पनी का दिमाग़ ख़राब कर दिया है।

महंथ : आज गाँव में आती है; कल घर में घुसेगी। कम्पनिया का-का करेगा, बेसवा को लेकर देखत जाओ। एक मछली पूरे तालाब को गन्दा कर रही है।

सरकसवा बाबू : *(थिराते हुए)* अच्छा, आज आवे दो गाँव में।

ग्रामीण : *(एक स्वर में कहते हैं)* हाँ, आवे दो गाँव में।

[प्रकाश धीरे-धीरे बुझ जाता है। फ्लैश-बैक टूटता है। स्टेज पर सिर्फ़ कम्पनी उस्ताद और छोहाड़ा दास हैं। कम्पनी उस्ताद के सिर पर हाथ फेरते हैं छोहाड़ा दास। रोशनी धीरे-धीरे उभरती है।]

छोहाड़ा दास : हम जानित हैं कि तुम सत के कबीरपंथी हो। तुम रूप-रंग में फँसे वाला न हो। तोहरे नज़र में सब मानुस हैं एक समान।

कम्पनी उस्ताद : हम तो साहेब, टोपी पहिर के बजारे माँ घूम गए। टोपी के एक तरफ लिखा कि हम अजहरा बेगम से प्यार करित हैं और दूसरी तरफ लिखा कि दुनिया को का। ख़ूब मजा आवा साहेब। हम परेम का प्रदर्शन नाहीं किया बल्कि जरे वालन के जरावा। बस।

छोहाड़ा दास : तोहार असली परेम तो गाना-बजाना है। उहो में ठाकुर भाव।

कम्पनी उस्ताद : *(अधीर होकर)* हम जात हैं साहब। जब सब सानित हो जाएगा, तब लौटेंगे। बड़ी अशान्ति है भीतर। नहीं जावे पर पुजारी जी कहीं चलि जावेंगे।

छोहाड़ा दास : कहाँ जइबो?

कम्पनी उस्ताद : कुछ ठीक नाहीं साहेब। तनी आप अजहरा बेगम के समझाय-बुझाय देब। अच्छा, बन्दगी साहब।

[कम्पनी उस्ताद झुककर बन्दगी करते हैं। धीरे-धीरे रोशनी विलुप्त हो जाती है।]

दूसरा दृश्य

[सूत्रधार एवं मसखरा—दोनों ढोल-मंजीरा लिये मंच पर आते हैं। रोशनी थोड़ी-सी उभरती है। वे दोनों मिलकर गाने लगते हैं :]

बिगद गया भइया
सारा ही खेल
ले नहीं पाए टिकस
कि चढ़ गए रेल
बिगद गया भइया...

मजिस्टर का छापा पड़ा
कम्पनी गए जेल
बिगद गया भइया...

[सिर्फ़ सूत्रधार गाता है :]

आसनसोल कारा
जब कम्पनी चँहुपे जाए
गाना-बजाना एक कर
जेलर को लिया लुभाय
जेलर हुआ ख़ुश
टिकस दिया कटाय

कैदी रहे देखते, लोय-लाय
लोय-लाय, लोय-लाय, लोय-लाय...

[मसखरा और सूत्रधार दोनों मिलकर गाते हैं :]

बड़ी है नगरिया ऊ कलकतवा
जहवाँ चलेली रेल और ट्राम
शहरे के काते-काते बहेली हुगलिया
नगरी करखनवा के धाम।

मसखरा : फिर क्या हुआ भइया?

सूत्रधार : दरबान बने हैं जी
कम्पनी दरबान बने हैं जी
रात में पहरा करे हैं जी
दरबान बने हैं जी...

[सूत्रधार गाना गाते हुए नेपथ्य में चला जाता है। उसके पीछे-पीछे मसखरा भी चला जाता है। धीरे-धीरे रोशनी पूरे स्टेज पर बिखरती है। स्टेज पर महादेव सेठ की कोठी का प्रतीकात्मक सेट लगा हुआ है। मजदूर पीठ पर बोरियाँ लिये दाईं प्लेटफॉर्म के आसपास घूमते हुए चल रहे हैं।

हाथ में लाठी लिये कम्पनी उस्ताद कुछ दूरी पर खड़े हैं। जब-तब बूढ़े मजदूरों के काम में मदद करते हैं। महादेव सेठ और उनके पीछे-पीछे बही हाथ में लिये और कान पर कलम खोंसे मुनीम का प्रवेश होता है।]

महादेव सेठ : *(मुनीम से मुखातिब होकर)* जो आदमी आया है, वह कैसा लोक है?

मुनीम : छपरहिया है सरकार! बोझा ढोने में छपरहिया तेज ही होत है सरकार!

महादेव सेठ : और गठरी बाँधने में गोरखपुरिया। तुम भी तो पुरबिया हो न मुनीम जी?

मुनीम : जी, हम काहे का पुरबिया? हम तो घोड़ा हैं—घोड़ा। पीठ पर हल्दी, धनिया, गरी, छोहाड़ा लादे—इस हाट से उस हाट में आवत-जात हैं। हम का जाने जलसा-बरात? हम काहे का पुरबिया?

[कम्पनी उस्ताद सेठ के पास आते हैं। झुककर प्रणाम करते हैं।]

महादेव सेठ : संत जी के तुम्हीं न आदमी हो जी?

कम्पनी उस्ताद : जी, सेठ जी!

महादेव सेठ : हम तो तुम्हारे गुरु भाई न हुए जीऽ। लेकिन व्यापार में यह सब नहीं चलेगा। रहते-रहते बूझोगे कि व्यापार क्या होता है। सबुर करना, विश्वासी होना, पेट की बात पेट में रखना—यही व्यापार का बीजक है। बदरी सिंह तुम्हारे उधर का ही था। हमारे बाबू की सेवा-टहल में रहता था। बाबू ने कितना मार के भगाया, लेकिन भागा नहीं। दरवाज़ा का कुत्ता माफ़िक था। बेचारा गरीब आदमी! बड़ा विश्वासी था—बदरी सिंह। बाज़ार में बड़ा नाम था उसका। हम चाहते हैं दरबान जी, तुम भी बदरी सिंह माफ़िक बनो।

मुनीम : दरबानी के साथ-साथ क्या-क्या काम करना है, यह तुम्हें पता है न?

कम्पनी उस्ताद : बच्चों को स्कूल छोड़ना। बाज़ार करना। गोदाम की देखभाल करना, कोठी की दरबानी करना।

महादेव सेठ : आरा मशीन वाला भी काम तुम सँभालो। तगादा वाला भी।

[महादेव सेठ फिर मुनीम से इशारे में बात करता हुआ चला जाता है—नेपथ्य में। रोशनी धीरे-धीरे बन्द हो जाती है। फिर रोशनी कम्पनी उस्ताद के चेहरे पर उभरती हुई बिखरती है। कोठी के दरवाज़े पर दरबानी करते हुए टहलते हुए कम्पनी उस्ताद गाते हैं :]

कम्पनी उस्ताद : रेलिया न बैरी
जहजिया न बैरी
ई पइसवा बैरी हो
देसवा-देसवा
भरमवलस ई पइसवा बैरी हो
गइलें कलकतवा
पियलें चापाकल कय पनिया
रजऊ करिया भइले हो...
रेलिया न बैरी...

[सुखनयन का ताली बजाते हुए प्रवेश।]

सुखनयन : गजब, ख़ूब, वाह—क्या गला है! बन्द काहे कर दिया? गाओ-गाओ!

कम्पनी उस्ताद : हम गायक थोड़े हैं। मनलग्गी बदे गा लेत हैं कभी-कभी।

सुखनयन : तो गाने-बजाने का शौक है?

कम्पनी उस्ताद : जी।

सुखनयन : और हम हैं राग-रागिनीं के आशिक।

कम्पनी उस्ताद : तब तो आप कोनों नामी उस्ताद से तालीम पवले होब?

सुखनयन : तालीम कहाँ ले पाया! कौन सिखाता हमें! घर में सौ ताले। सौ तालों के भीतर दुनियादारी सीखता रहा। गाना-बजाना कहाँ!

कम्पनी उस्ताद : लेकिन गावे-बजावे में जो मिज़ाज चाहीं, ऊ आपके पास है। आप जब सीखै चाहब, तबै सीख लेब।

सुखनयन : आपको लगता है दरबान जी?

कम्पनी उस्ताद : बिलकुल।

सुखनयन : किस वजह से?

कम्पनी उस्ताद : वजह तो हमका नाहीं मालूम। लेकिन जिस प्यार के पीछे वजह हो, ऊ सच्चा प्यार नाहीं। ऊ सोना-चाँदी नाहीं, वह तो गिलट-पीतल है। उसमें चमक कहाँ!

सुखनयन : वाह, क्या बात कही! वाह, दरबान जी, वाह! प्यार ऐसा ही होना चाहिए, जिसके पीछे कोई मकसद न हो।

कम्पनी उस्ताद : कलकत्ता बड़ा हाट-बाज़ार है न सुखनयन बाबू?

सुखनयन : कलकत्ता घूमे हो कभी? रात में कभी देखो कलकत्ता! परियों की लगती है मजलिस। कभी देखे हो, वह मजलिस?

कम्पनी उस्ताद : मौका कहाँ मिला!

सुखनयन : एक से एक तवाइफ़। देखोगे तो रह जाओगे देखते। नज़ाकत, अदा और तहज़ीब की लयकारी कोई सीखे तो इनसे।

कम्पनी उस्ताद : गायिका लोग भी होंगी?

सुखनयन : गायिका लोग? एक से एक गायिका! सोनाबाई का नाम सुने हो कभी?

कम्पनी उस्ताद : कौन है सोनाबाई?

सुखनयन : कलकत्ता की हूर है। हूर...जो देखे, वही सुध-बुध खो बैठे। क्या कहें, दरबान जी, सोनाबाई जब गाती है न, तो चलता हुआ मुसाफ़िर और उड़ता हुआ परिन्दा भी रुक जाता है। भगवान ने क्या गला दिया है! क्या अदा दी है! दीवाना बना देती है, दीवाना। चलो, तुम्हें दिखाते हैं सोनाबाई की सोनागाछी।

[सुखनयन कम्पनी उस्ताद की उँगली पकड़ता है—धीरे-धीरे रोशनी मन्द होती है कि नेपथ्य में संगीत उठता है :]

नज़रा गइलीं गोइयाँ
नज़रा गइलीं
नज़रा गइलीं
नज़रा गइलीं
नज़रा गइलीं गोइयाँ...

तीसरा दृश्य

[सोनाबाई की कोठी का दृश्य। मंच के आगे दाईं ओर वाले प्लेटफॉर्म से ऊपरी हिस्से के बाईं तरफ वाले प्लेटफॉर्म को जोड़ते हुए तीन फ्रेम खड़े किए गए हैं, जिनमें रंगीन परदे लगे हुए हैं। मंच के आगे बाईं तरफ के प्लेटफॉर्म के पास साजिन्दे बैठे हैं। कालीन बिछा हुआ है। सोनाबाई की मजलिस लगी हुई है। भड़ुए रंगीन परदे के आसपास मटक रहे हैं। रोशनी धीरे-धीरे उठती है और सोनाबाई के नृत्य के साथ संगीत उठता है :]

नज़रा गइलीं गोइयाँ
गइलीं गोइयाँ
गइलीं गोइयाँ
गइलीं गोइयाँ...
नज़रा गइलीं गोइयाँ...

[सुखनयन बीच के दरवाज़े वाले फ्रेम के परदे के अन्दर से कम्पनी उस्ताद को लिये सोनाबाई की मजलिस तक पहुँचता है। मुजरा समाप्त हो जाता है। लोग उठकर चले जाते हैं। सोनाबाई की निगाह सुखनयन पर पड़ती है।]

सोनाबाई : कहाँ थे इत्ते दिन? आपकी राह देखते-देखते निगाह की रोशनी आधी हो गई।

सुखनयन : शहर में था नहीं हुज़ूर! होता तो क्या आपको देखे बग़ैर सुबह कर पाता? हमारी तो ख़ुशनुमा शाम और रात हैं सोनाबाई। ताल और सुर हैं, ख्वाब हैं, जान हैं जान...

[सोनाबाई नज़ाकत से पान बढ़ाती है।]

सोनाबाई : रहने भी दीजिए हुज़ूर!

[सोनाबाई की निगाह कम्पनी उस्ताद पर पड़ती है।]

सोनाबाई : हुज़ूर की तारीफ़?

सुखनयन : हमारे साथ हैं। गाने-बजाने का शौक है। संगीत की दुनिया का ताज़, सोचा कि इनको भी दिखला दूँ। ये भी हुज़ूर को सलाम कर अपनी ज़िन्दगी सार्थक कर लें।

सोनाबाई : ठुमरी कैसी लगी हुज़ूर?

[ख़ामोश रहते हैं कम्पनी उस्ताद।]

सोनाबाई : हुज़ूर, मैंने आपसे ही अर्ज़ किया। ठुमरी कैसी लगी?

कम्पनी उस्ताद : *(सहमते हुए)* गला तो ठीक है लेकिन...

सोनाबाई : *(चकित भाव से)* लेकिन क्या?

कम्पनी उस्ताद : माफ़ करब। तर्ज़ आपके नाहीं मालूम।

सोनाबाई : *(उत्तेजित होकर)* आप बड़े उस्ताद हैं, तो बताइए तर्ज़। जरा हम भी तो जानें कि तर्ज़ किसे कहते हैं!

कम्पनी उस्ताद : *(शान्त भाव से)* कोठा आपका देख लिया, कभी गाना-बजाना होगा।

सोनाबाई : *(उसी स्वर में)* अभी क्यों नहीं? बड़े-बड़े गवैया आए इस कोठे पर, सिर झुकाकर चले गए। जिस हिम्मत के साथ टोका है, उसी हिम्मत के साथ तर्ज़ भी बताइए।

सुखनयन : *(हकलाते हुए धीमे स्वर में)* हम माफ़ी चाहते हैं। जाने भी दीजिए, छोटे आदमी की बुद्धि ही कितनी।

कम्पनी उस्ताद : *(गुमान-भरे लहज़े से)* काहे की माफ़ी सुखनयन बाबू। ठीक है, हम सुनाय देत हैं।

[संगीत उठता है। कम्पनी उस्ताद गाते हैं :]

कम्पनी उस्ताद : पटना से बैदा बुलाय दा
हो नज़रा गइलीं
गइलीं
गइलीं, गइलीं गुइयाँ
नज़रा गइलीं...
पटना से बैदा बुलाय दा...

[सोनाबाई नाचती हुई कम्पनी उस्ताद के पास आती है। झुककर सलाम करती है।]

सोनाबाई : *(झेंपती हुई)* मुझसे गुस्ताखी हो गई। हुज़ूर, माफ़ी चाहती हूँ। अल्ला मियाँ ने क्या गला दिया है! वाह! वाह!

कम्पनी उस्ताद : *(सहज भाव से)* नहीं, ऐसा कुछ नाही है। थोड़ा-बहुत गा-बजा लेत हैं।

सोनाबाई : न, न, ऐसा-वैसा मामला नहीं है। रियाज़ बोल रहा है हुज़ूर! आज से आप मेरे उस्ताद हुए हुज़ूर!

कम्पनी उस्ताद : हम उस्ताद के लायक कहाँ! आप बेकार हमका ऊँचा ओहदा दे रही हैं। हमें राग-रागिनी की उतनी जानकारी थोड़े है।

सोनाबाई : बस भी कीजिए। मान जाइए। माफ़ी तो माँग ली। मैं बता नहीं सकती कि जब आप गा रहे थे तो मैं कैसी हो गई थी। कल से तालीम देने आएँगे न उस्ताद?

सुखनयन : ये क्या बोलेंगे। इन्हें कल से मैं भेजूँगा। हमारे यहाँ ये दरबान हैं, दरबान।

[कम्पनी उस्ताद सोनाबाई को आदाब बजाते हैं और कर जाते हैं प्रस्थान। उनके पीछे-पीछे सुखनयन भी निकलता है।]

सोनाबाई : *(अपने दरवाज़े से चिल्लाकर)* कल से उस्ताद आएँगे न सुखनयन बाबू?

सुखनयन : *(नेपथ्य से)* हाँ, जरूर।

सोनाबाई : उस्ताद का नाम क्या है?

सुखनयन : कम्पनी उस्ताद कहो। कम्पनी उस्ताद...।

[नेपथ्य से 'नज़रा अइलीं' गाने के स्वर के साथ दृश्य का अवसान।]

चौथा दृश्य

[सूत्रधार और मसखरा दोनों आते हैं। धीरे-धीरे रोशनी भी आती है।]

[मसखरा गाता है :]

सेठवा का जाने भइया
गाना-बजाना
ऊ का जाने
कम्पनी का मरजाद
रूपया से रूपया
कमायेवाला मनई
रूपया ही जेकर घर-द्वार।

[सूत्रधार गाता है :]

अब आँखिन देखो जी
खेल में खेल होत है जी...

[दोनों गाते हुए कर जाते हैं प्रस्थान]

[महादेव सेठ की कोठी का वही दृश्य। सेठ और मुनीम दोनों गद्दी पर बैठे प्रसन्न मुद्रा में कुछ गुपचुप में बातें कर रहे हैं। बीच-बीच में खिलखिलाहट

भी सुनाई देती है। रोशनी पूरी तरह से स्टेज पर फैल जाती है। टोकरी लिये हुए दिलअजीज का प्रवेश।]

दिलअजीज : *(सेठ के सामने उपहार की टोकरी रखते हुए जनानी आवाज़ में)* हुज़ूर! यह छोटा-सा तोहफ़ा।

मुनीम : *(सेठ और मुनीम दोनों तोहफ़े के पास झुककर देखते हैं।)* किसने भेजा है?

दिलअजीज : *(नज़ाकत-भरे लहजे में)* मलिका-ए-हूर सोनाबाई ने इसे नज़र किया है हुज़ूर!

महादेव सेठ : *(चौंककर)* सोनाबाई? कौन सोनाबाई?

दिलअजीज : *(लचकते-मटकते अन्दाज़ में)* हुज़ूर, सोनाबाई तो कलकत्ते में अकेली हैं। हूर हैं। परी हैं। रूहे शबा हैं। हुनरमन्दों की नाज़ हैं। इस नाचीज़ को थोड़ा गाने-बजाने का शौक है हुज़ूर! इस नाचीज़ की अम्मी का नाम मरहूम लिलीबाई है जिन्हें ठुमरी की मलिका का खिताब राजा बलरामपुर ने दिया था।

महादेव सेठ : *(गम्भीर मुद्रा में)* तो तुम सोनागाछी से आ रहे हो?

दिलअजीज : जी हुज़ूर!

महादेव सेठ : क्या बताया, किसके लिए तोहफ़ा है?

दिलअजीज : जी, हुज़ूर, उनका नाम उस्ताद है। उनको सब उस्ताद के नाम से जानते हैं। उस्ताद जी मलिका-ए-हूर सोनाबाई को तालीम देते हैं।

मुनीम : गलत पते पर आ गए भइया। यह कोठी शहर के रईस महादेव सेठ की कोठी है। यहाँ उस्ताद नाम का कोई आदमी नहीं रहता।

दिलअजीज : लेकिन हुज़ूर, पता तो यही था।

महादेव सेठ : *(तमतमाती आवाज़ में)* पता यही था! तुम्हारा दिमाग़ ख़राब हो गया है। किसकी कोठी में पैर रक्खा है, देखा है बोर्ड? दरबान को बुलाओ, धक्का मारकर बाहर निकालो।

आवारागर्द, बदअक़्ल, ज़ुबान लड़ाने में शर्म नहीं आती? क्या समझ रहा है कि यह किसी अय्यास की कोठी है? हुँह! बेलज्ज, बदमिजाज, सफ़ाहत...

दिलअजीज : *(टोकरी उठाते हुए)* सेठ जी, नाराज़ काहे को होते हैं? पता यही था। इतनी तमीज़ तो हमें है कि किसकी कोठी पर हूँ और किसके साथ कैसा व्यवहार करना चाहिए। आपने इतनी गालियाँ दीं, मुबारक़ हो आपको अपना मुँह! मैं चला, आदाब!

[दिलअजीज ठुमका मारकर निकल जाता है। उसके पीछे-पीछे दरवाज़े तक सेठ और मुनीम जाते हैं। दिलअजीज फिर पलटकर आदाब करता है। सेठ और मुनीम मुड़ते हैं कि दोनों की नाक टकरा जाती है।]

महादेव सेठ : *(चेहरे का पसीना पोंछते हुए)* मुनीम जी, जरा पता करो कि असली मामला क्या है। वह बार-बार जोर दे रहा था—पता यही है, पता यही है! बड़ी ताज्जुब की बात है।

मुनीम : सेठ जी, हो सकता है कि वह कोई बहुरूपिया रहा हो, जो तवाइफ़ के भड़ुए की भूमिका कर रहा हो!

महादेव सेठ : *(पुलकित होकर)* वाह, मुनीम जी, वाह, क्या पकड़ा! बिलकुल यही, वह बहुरूपिया ही रहा होगा।

मुनीम : *(सोचते हुए)* ऐसा भी हो सकता है कि सचमुच वह सोनाबाई का भड़ुआ ही रहा हो। उसे पता लग गया हो कि आपके भतीजे सुखनयन बाबू का विवाह ठीक हो गया है, तो सोनाबाई ने सोचा होगा कि क्यों न भड़ुए को भेजकर जरा भूमिका बना दी जाए!

महादेव सेठ : *(मुस्कराते हुए)* हाँ, ऐसा भी हो सकता है।

[मुनीम चहलकदमी करता है, फिर सेठ के पास आता है।]

मुनीम : न, न, यह नहीं हो सकता। सोनाबाई मशहूर तवाइफ़ है। वह क्यों भेजेगी किसी को? वह कहीं मुजरा करने तो जाती नहीं है। उसके यहाँ तो अपने भीड़ लगती रहती है। बहुरूपिया ही रहा होगा।

महादेव सेठ : *(दाँत पीसते हुए)* बड़ी सती-सावित्री है। चुप रहिए। कुछ जानते-वानते भी हैं आप? एक बात पकड़ लिया कि बहुरूपिया रहा होगा, बहुरूपिया रहा होगा। हुँह...

[तमतमाकर सेठ प्रस्थान कर जाता है।]

मुनीम : *(अपने आप से)* जो भी हो, कोई बात जरूर है। पता करता हूँ।

[मुनीम भी कर जाता है प्रस्थान। दृश्य लोप हो जाता है।]

पाँचवाँ दृश्य

[नेपथ्य से थिरकते पैरों के घुँघरुओं की आवाज़ आ रही है। कम्पनी उस्ताद का सुनाई पड़ रहा है गायन। उनकी पीठ दर्शकों की तरफ है और मुँह नेपथ्य की ओर। रोशनी कम्पनी उस्ताद के आसपास पड़ती है।]

एक नदी दुई घटवा हो बालम
कौन घटवा
कहि जइहा हो बालम
कौन घटवा
एक गली दुई रहिया हो बालम
कौन रहिया
कहि जइहा हो बालम
कौन रहिया

[रोशनी धीरे-धीरे स्टेज पर फैलती है। कम्पनी उस्ताद का मुँह दर्शकों की तरफ होता है। वे आगे बढ़ते हैं कि नेपथ्य से निकलकर मुनीम चुपके से कम्पनी उस्ताद के पीछे चलने लगता है। कम्पनी उस्ताद और मुनीम की निगाह मिलती है।]

मुनीम : *(नाराजगी भरे स्वर में)* तुम्हारे जैसा नमकहराम कारिन्दा आज तक हमारी उम्र में नहीं मिला। जिस पत्तल में खाता है, उसी में करता है छेद!

कम्पनी उस्ताद : बात का भवा, खुलासा बताओ मुनीम जी!

मुनीम : देखो दरबान जी, सेठ जी तुम पर बहुत ख़फ़ा हैं। थाना-पुलिस करने जा रहे थे। हमने ही मना कर दिया। भला इसी में है कि अपना हिसाब लो और यहाँ से चलते बनो।

कम्पनी उस्ताद : हमारी ग़लती?

मुनीम : ग़लती-वलती हमें नहीं मालूम, लेकिन सेठ जी को सब पता चल गया है जो तुम सोनाबाई के साथ गुलछर्रे उड़ा रहे हो। काम दरबानी का, मिज़ाज बादशाही का—फिर यहाँ क्या काम? मैं तुम्हारा हिसाब कर देता हूँ। कोठी के बाहर जाओ। जाओ।

[मुनीम कम्पनी उस्ताद का सामान यानी झोला-झंटी वग़ैरह उनके सामने फेंकता है। नेपथ्य से संगीत उठता है।]

आन्ही बूनी आवेली
चिरैया ढोल बजावेली...

[दृश्य लोप हो जाता है।]

छठा दृश्य

[शाम का वक़्त। क्रान्तिकारी नरेश पल्लेदार के घर में कम्पनी उस्ताद बैठकर हारमोनियम बजाते हैं, गाते हैं :]

कम्पनी उस्ताद : दगा होय गय बालम
गय झुलनी टूट
दगा होय गय बालम...

[नरेश पल्लेदार आता है।]

नरेश पल्लेदार : आज बहुत जल्दी लौट आए। का भवा? कोनो बात भवा का?

कम्पनी उस्ताद : *(भावनात्मक ढंग से)* हमरे भीतर एक मधुमक्खी है। वही गावत है। वही उड़ि-उड़ि के जात है यहाँ-वहाँ। कहाँ-कहाँ का रूप-रंग! कहाँ-कहाँ का बास-गंध! एक-एक स्पर्श जुटावा, वहमाँ नौ रंग पैदा भवा। वह नौ रंग नाचे लगा। नाचे लगा, नाचे लगा, नाचत-नाचत एकरंगा होय गवा। वही एकरंगा गीत है। वही है गायकी...वही...

नरेश पल्लेदार : हमारे दिमाग़ में कुछ ढुका नाहीं भइया कि तुम का-का बोल गए।

कम्पनी उस्ताद : तुम नाहीं बूझे तो अचरज का! पुजारी भी न बूझे। न लम्मरदार, महंथ और न ऊ तुम्हार सेठ। जरूरी तो नहीं

कि सब सबके जाने ही। नचनिहाँ कहो, नचनिहाँ। भड़ुआ कहो। आवारा, दरबान, चौकीदार कहो...। चोट्टा... साला...जवान-जवान बिटियन का इज़्ज़त लिया। नेक, धर्मात्मा बना। कोर्ट-कचहरी में गला काटा, पंच बना। मुँह पर मीठ...मीठ...

[कम्पनी उस्ताद फिर हारमोनियम बजाने लगते हैं कि प्रकाश धीरे-धीरे लोप हो जाता है। पुन: प्रकाश सोनाबाई के कोठे की सीढ़ियों पर उभरता है जहाँ सुखनयन और सोनाबाई बेरुखी में खड़े हैं।]

सोनाबाई : शरीफ और इज़्ज़तदार आदमी हैं आप। यहाँ आकर अपनी इज़्ज़त में बट्टा क्यों लगाते हैं?

सुखनयन : क्या कह रही हैं जान!

सोनाबाई : कहीं सेठ जी को आपके यहाँ आने की भनक लगी कि हमारे उस्ताद की तरह आपको भी घर से बाहर कर देंगे। फिर क्या होगा?

सुखनयन : मेरी ग़ैरहाज़िरी में हुआ यह सब। शायद दरबान ने कोई चोरी-चकारी की होगी इसलिए निकाल दिया गया। आप फ़िक्र क्यों करती हैं? मैं आपके लिए दूसरा उस्ताद ठीक कर दूँगा। ऐसे छोटे लोगों के लिए उदास होना, शोभा नहीं देता आपको।

सोनाबाई : बस कीजिए। उस्ताद के बारे में एक लफ़्ज़ और सुनना नहीं चाहती। उन्हें कितना जानते हैं आप? दरबान होंगे आपके लिए। मेरे लिए तो उस्ताद हैं—उस्ताद!

सुखनयन : आप ख़फ़ा हो गईं। देखिए हुज़ूर...असल में...

सोनाबाई : इन बातों में कोई लुत्फ़ नहीं है। मिज़ाज के सुकून के लिए कोई दूसरा अस्तबल ढूँढ़िए सुखनयन बाबू!

सुखनयन : मैं समझ रहा हूँ..!

सोनाबाई : उस्ताद को घर से निकालकर कितना बेजा किया। मेरे दिलो-दिमाग़ में उन्हीं की क़नात लगी हुई है। मैं जहाँ

से निकलती हूँ वहीं मुझे कम्पनी उस्ताद दिखाई पड़ते हैं। फिर ग़ायब हो जाते हैं। फिर मिलते हैं। फिर ग़ायब हो जाते हैं। आँख-मिचौनी का खेल चलता रहता है। मैं उन्हें नज़र के सामने चाहती हूँ सुखनयन बाबू, बिलकुल अपने पास। अपने...

सुखनयन : वे आजकल क्रान्तिकारियों के साथ रह रहे हैं। सुना है कि उनके लिए वे गाना बनाते हैं और सभाओं में जाकर गाते भी हैं।

[सोनाबाई के होंठों पर मुस्कराहट दौड़ जाती है।]

सोनाबाई : *(चहकते हुए)* मुझे उनके पास ले चलेंगे सुखनयन बाबू?

सुखनयन : क्यों नहीं...आप कहें तो...।

[सोनाबाई परदे के अन्दर चली जाती है और पीछे-पीछे सुखनयन भी चला जाता है।]

[दृश्य लोप हो जाता है।]

सातवाँ दृश्य

[क्रान्तिकारियों के एक बैठकखाने का दृश्य। लोग जहाँ-तहाँ बैठे हैं। कोई किताब पढ़ रहा है, कोई पोस्टर तैयार कर रहा है, तो कोई एक-दूसरे से कर रहा है राय-मशविरा। तभी सन्दीप बनर्जी का प्रवेश होता है।]

सन्दीप बनर्जी : साथियो, बटुकेश्वर भाई की एक गश्ती चिट्ठी अभी-अभी मिली है। उन्होंने लिखा है कि हो सकता है कि हमारा संघर्ष भिन्न-भिन्न समय में, भिन्न-भिन्न रूप ग्रहण कर ले। किसी समय यह प्रकट रूप धारण कर सकता है और कभी-कभी भयंकर रूप धारण कर जीवन-मरण का दृश्य उपस्थित कर सकता है। यह आपकी इच्छा है कि चाहे जो रूप पसन्द कर लें, लेकिन यह संघर्ष जारी रहेगा।

नरेश पल्लेदार : बोलपुर की सभा के बारे में घटक दा कुछ बोल रहे थे कि...

सन्दीप बनर्जी : हाँ, बात हो गई है।

पौराही : कम्पनी उस्ताद ने सभा के लिए गाना भी तैयार कर लिया है। बड़ा बेजोड़ है।

सन्दीप बनर्जी : सुनाओ! सुनाओ।

[कम्पनी उस्ताद गाते हैं।]

कम्पनी उस्ताद : यहाँ-वहाँ रंगरेज घुमत हैं
रंगत खेत और क्यारियाँ
वह रंगरेज सिवान सजावत
रोपनी करत जड़हनियाँ...
ये साहब...रोपनी करत जड़हनियाँ...
वह रंगरेज कपड़ा बुनत है
अपने देह उघरिया
अपने देह उघरिया ये साहब
अपने देह उघरिया...
हम हैं वह रंगरेज का लइका
हम ही हैं निरगुनियाँ
हमरे खेत का जे रंग बिगड़िहैं
ताको खातिर हम धुनियाँ—
ये साहब...ताको खातिर हम धुनियाँ...

[लोग ताली बजाते हैं। वाह-वाह करने लगते हैं। सोनाबाई का प्रवेश होता है। क्रान्तिकारी दल दूसरे कमरे में चला जाता है।]

कम्पनी उस्ताद : *(आश्चर्य ढंग से)* अरे आप? कब अइलीं?

सोनाबाई : आप ख़फ़ा हैं मुझसे?

कम्पनी उस्ताद : नहीं तो, यह कैसे सोच लेहलीं आप?

सोनाबाई : किस बात की सज़ा दे रहे हैं आप? आपको पता है कि फज़िर की अज़ान से मग़रिब की अज़ान तक हर रोज़ मैं आपकी राह देखती रहती हूँ। सोचती रहती हूँ कि आप अब आ रहे हैं, अब आ रहे हैं, मगर आप...

कम्पनी उस्ताद : आपका रियाज़ तो चलत है न?

सोनाबाई : रियाज़ कैसे छूटता? लेकिन सुकून कभी नहीं मिला। दिमाग़ में इक फ़ितूर, इक यक़ीन, इक सूरत, इक शको-शुबहा, इक खौफ़, इक ख़ामोशी और न जाने एक-पर-एक कितनी चीज़ें ताज़िये की शक़्ल में मेरे भीतर खड़ी होती रहीं और

एक बेचैनी में मैं घूमती रही। अल्लाह न करे किसी को वैसी बेचैनी हो।

कम्पनी उस्ताद : हम का करी? आपके तो पता ही होगा कि हम कितना मजबूर रहे।

सोनाबाई : इसी का तो मुझे मलाल है कि उस अँधेरे दरख़्त से जब आप अलग हुए तो आप मेरे पास क्यों नहीं चले आए? मैंने कहाँ-कहाँ नहीं भेजा आपको ढूँढ़ने; किस-किससे नहीं पूछा आपका पता-ठिकाना! अच्छा, उस्ताद, सच कहिए, कभी मेरा भी ख़याल आया?

कम्पनी उस्ताद : आवे-जावे का सिलसिला अपने यहाँ नाहीं है। जो एक बार आँख में नीक लगा वह साँस के संघरी हो गवा। हर जगह आप हमारे साथ हैं—राग-रागिनी माफ़िक।

सोनाबाई : हमारी वजह से बहुत दुख हुआ न आपको?

कम्पनी उस्ताद : न, न, आपकी वजह से नहीं। यह दुनिया में कुछ लोग हैं जो मुँह में जाबा लगावे के चाहत हैं। वे चाहत हैं कि उनकी सोच से सामने वाले की सोच बने-बिगड़े, उनकी रुचि से सामने वाले की रुचि मिले। और जब दोनों में मतभेद होता है, तो तकरार पैदा होत है। तो एक तरफ स्वार्थ की सत्ता तो दूसरी तरफ लोकसत्ता का मोर्चा बनत है। अब कुछ लोग हैं जो स्वार्थ की सत्ता में रहत हैं, मजा लूटत हैं, हम तनिक अलग हैं उनसे। लोकसत्ता के साथ हैं हम।

सोनाबाई : मैं कुछ समझी नहीं?

कम्पनी उस्ताद : हम पिंजरा के परिन्दा नाहीं हैं। पिंजरा में हमें कोई बार-बार बन्द करे, हम उड़ि जाब। हम सब केहु के लिए जीये के चाहित हैं। सब केहु के जीये में आपन जीयब छिपा है।

सोनाबाई : मैं आपको पिंजरे में डालना नहीं चाहती। सिर्फ़ इतना चाहती हूँ कि यह परिन्दा मेरे भी आँगन में उतरे, एक नज़र उसे देखूँ, उसकी बोली सुनूँ। यक़ीन मानिए उस्ताद, बस, मैं यही चाहती हूँ।

कम्पनी उस्ताद : हम आपके जानित हैं। आपका स्थान हमरे दिल में है।

सोनाबाई : तो कब आ रहे हैं आप?

[पॉज]

सोनाबाई : अगर आप नहीं आए उस्ताद, तो मैं हीरा चाटकर अपनी जान दे दूँगी। इसे मज़ाक़ मत समझिएगा।

[सोनाबाई प्रस्थान कर जाती है। कम्पनी उस्ताद अवाक् देखते रहते हैं। रोशनी हो जाती है विलुप्त।]

दूसरा अध्याय

पहला दृश्य

[नेपथ्य से भागम-भाग की आवाज़ आ रही है तथा पुलिस की सीटी सुनाई पड़ रही है। सूत्रधार ढोलक बजाते हुए मंच पर आता है। रोशनी छोटे दायरे में उभरती है। संगीत उठता है :]

सूत्रधार : जगह-जगह क्रान्तिकारियों का जब
ग्रुप लगा बनने
विद्रोह की चिनगारी
यहाँ-वहाँ लगी उठने
कम्पनी के गीतों ने जनरेटर का
काम किया
राह के रोड़ों का उसने काम तमाम किया
खबर लगी जब खुफिया विभाग को
पुलिस ने तब डाला घेरा
चलीं गोलियाँ दन, दनादन
बिगड़ गया सारा ही खेला
शहीद हुए सन्दीप बनर्जी
रामजस और तिवारी
कूदे कम्पनी मशीन लिए
नोट छापने की भारी...

मसखरा : फिर क्या हुआ भइया?

[रोशनी धीरे-धीरे पूरे स्टेज पर बिखर जाती है।

वृत्ताकार में ग्रामीण नाचते हुए घूमते हैं। वृत्त के मध्य में हैं कम्पनी उस्ताद।

सूत्रधार, मसखरा और ग्रामीण—सब मिलकर गाते हैं :]

लौटे जी अपने देस कड़ाकुल
लौटे जी अपने देस
धान पके खेत लगे
साधु का भेष
लौटे जी अपने देस कड़ाकुल
लौटे जी...
छोटी-छोटी ख़ुशियों से
धुल रहे कलेस
लौटे जी...कड़ाकुल...
ख़ुशियों में नाच रहे
लालमन-गनेस
लौटे जी अपने देस...
कड़ाकुल...

[संगीत रुकते ही बड़की दुलहिन का प्रवेश होता है। वृत्ताकार में घूमनेवाले ग्रामीण नाचते हुए चले जाते हैं नेपथ्य में।]

बड़की दुलहिन : कब आए?

कम्पनी उस्ताद : दो-तीन दिन पहले।

बड़की दुलहिन : *(प्यार, उलाहने भरे स्वर में)* ऐसे चुपके से चले गए कि कुछ बोलने-बतियाने का मौका ही नहीं दिया। एक बार कहकर जाते, तो क्या मैं जाने नहीं देती?

कम्पनी उस्ताद : आपके तो मालूम ही भवा होगा कि गाँव में कितना तूफान रहा। का जानत हई कि आप से दूर रहकर हम सुखी रहे?

बड़की दुलहिन : फिर कहीं जाए के प्रोग्राम है?

कम्पनी उस्ताद : न, अब कहाँ जाब। सुना कि आपकी तबियत ख़राब चलत है?

बड़की दुलहिन : यह तो शरीर है कम्पनी, बीमारी भी तो शरीर का ही हिस्सा है न! अपने हाथ में है का? आदमी का तो एक-एक दिन चोरी होत है। अब आपै कहीं कि हमार वह रूप है, जवन देख के गए रहे?

कम्पनी उस्ताद : हमारी नज़र में तो आपका वही रूप है, जवन पहले रहा। आपके हम कतना चाही-ला, हमें ख़ुद नहीं मालूम। माँ, बहिन, मित्र, पता नहीं केकरे नीयन। इन सबसे अलग आप कुछ और हईं। हमरे पास सबद नाहीं है। बस, हमके तो अतना पता है कि आपके हम बहुत-बहुत...

[बड़की दुलहिन कम्पनी उस्ताद के मुँह पर उँगली रख देती है।]

बड़की दुलहिन : भीतर की बात बेसी नाहीं कहे के। आप कहब, तब हमें मालूम होई? आँख देखे से मालूम होय जात है चाहना।

कम्पनी उस्ताद : अजहरा बेगम कहाँ हैं?

बड़की दुलहिन : कोइली इस्टेट की मालकिन हो गई हैं।

कम्पनी उस्ताद : बियाह कर लिया?

बड़की दुलहिन : ना, बियाह, ना। उनके सूरत और सीरत पर ख़ुश होकर राजा चंगेरा ने कोइली इस्टेट लिख दिया। हुआ यह कि उनकी लड़की की शादी थी। इनका भी बुलाहटा हुआ। नाच-गान के बाद, उनसे मिलने एक दरोगा आया। शायद उसका नाम पीटर साहब था। वह थोड़ा मनचला और सनकी था। उसने उन्हें पान थम्हाते हाथ में ठुनकी मार दिया। बेगम ने कहा कि हुज़ूर ने इस जन्म में देरी कर दी। अब अगले जन्म में। पीटर बोला कि अगले जन्म के वास्ते क्या करने को माँगता। बेगम बोलीं कि बेसी कुछ न करे के, मरे के बाद अगला जन्म होत है। वह सनकी दरोगा घोड़ी पर चढ़कर थाना आया। कुर्सी पर बैठा, पेटी

से पिस्तौल निकाला, फिर अपनी मूड़ी में सटाकर घोड़ा दबा दिया। चिरई नीयन मर गया पीटर सहेबवा...

कम्पनी उस्ताद : अरे, ...फिर?

बड़की दुलहिन : फिर क्या, राजा चंगेरा ख़ुश होकर इस्टेट लिख दिया।

कम्पनी उस्ताद : अब यहाँ नहीं आतीं?

बड़की दुलहिन : आती हैं। उनकी चिट्ठी भी आती है। हर चिट्ठी में आपका जिक्र रहता है। जब उन्हें मालूम हुआ कि आप कलकत्ते में हैं तो वो वहाँ भी गई थीं। ढूँढ़कर चली आईं। पता नहीं, आपने क्या जादू कर दिया है...

कम्पनी उस्ताद : पता तो होगा आपके पास?

बड़की दुलहिन : छोड़ीं यह सब। कुछ सुनाईं। आपके सुने तो ज़माना बीत गवा।

[कम्पनी उस्ताद मुस्कराते हैं। फिर गुनगुनाते, गाने लगते हैं। उनके साथ बड़की दुलहिन भी गाने लगती है :]

माया की नगरिया में
लागल-बा बजरिया हे सुहागिन
चिजवा बिकेला अनमोल
हे सुहागिन...
चतुर-चतुर सब सौदा बिका ला
किनबू तो कीनऽ न सबेर
हे सुहागिन...
माया की नगरिया में...

[गाना समाप्त होते ही धीरे-धीरे रोशनी विलुप्त हो जाती है।]

दूसरा दृश्य

[कुछ लोग मंच पर चौकस तरीके से करेंसी नोट गिन रहे हैं। हल्की-हल्की रोशनी उभरती है। लालमन धड़फड़ी में झोला हाथ में लिये आता है। लोगों से जाने का इशारा करता है। लोग चले जाते हैं। बच जाता है सिर्फ़ पौराही। धीरे-धीरे धुँधलका साफ होता है।]

लालमन : लो, यहमाँ दुई हजार रुपया है। यही के बजारे में चलावे का है। कमीशन तो पहले ही बताय दिया है।

पौराही : *(सकपकाते स्वर में)* कमीशन तो बड़ा कम है लालमन भाई!

लालमन : हाथी-घोड़ा लेबाऽ! खाये बिना मरत रहे, अब अकिल छाँटे लागे। पेट में दुई ठु दाना गवा और देह पर नीमन कपड़ा पहिने लागे तो कमीशन कम पड़े लगा? होश में रहऽ, होश में!

पौराही : तुम तो सचमुच ही बिगड़ गए। हम तो मज़ाक़ करित रहे। लेकिन एक बात तो बतावा लालमन भाई कि ऊ कलकत्ता के बंगाली बाबू के देवे बदे हमें जो बकसवा दिये रहे, वहमाँ का रहा?

लालमन : जहर-माहुर रहा कि अमरित रहा—तोहसे का मतलब? जो तुमको काम दिया गया, बस उतना करो, जिरह नाहीं।

पौराही : हम जिरह कहाँ करित हैं! हम तो कहित हैं कि ऊ

कलकत्ता वाला बंगाली बाबू बड़का पिस्तौल खोंसे रहा। हम तो देख के डराय गयन।

लालमन : आँख तो है नाहीं, कहत हो कि चश्मा चाहीं! अरे बकचोंधर, वह तो बड़का क्रान्तिकारी है।

पौराही : ई किरतीकाली का? खैनी-सुरती का व्यापारी का?

लालमन : जनमरवा होत है। बड़े-बड़े जानवर के मारेवाला।

पौराही : लालमन भाई, एक ठु मिरगा का छाल मँगवाय देव न! हमार बड़ा शौक रहा कि वह पर बैठ के, हमहूँ राजा-महराजा की तरह अपने मेहरारू से बात करी। रामलीला में का दिखाए रहा कि कैसा सोना माफ़िक चम-चम हरिना के चाम पर जानकी माई मोहाय गई रहीं। हम तो मानुस जात हैं लालमन भाई!

लालमन : ठीक है, जा भाग—काम कर। अभी गपास्टक का समय नहीं है।

[पौराही चला जाता है। दूसरी तरफ से आ जाते हैं कम्पनी उस्ताद। लालमन दौड़कर नेपथ्य से उनके लिए कुर्सी लाता है।]

लालमन : इतनी जल्दी मशिनियाँ काहे बन्द कर दिये?

कम्पनी उस्ताद : जितना जरूरत रहा, उतना नोट छपाय गवा। तोहका तो हम पहिले ही बता दिया कि हमें अपने खर्चा के लिए नोट नाहीं छापे का है। यह नोट तो गरीब-गुरबा और आजादी के लिए लड़ेवालन के बदे छपत है।

लालमन : लेकिन आपन धरम-करम कैसे बची? कितना आफत-विपत वाला काम है! अगर सौ-पचास अपनी देह पर खर्च हो जाए, तो का कोनो उजूर है?

कम्पनी उस्ताद : कैसा धर्म-कर्म? सौ पाप दुनिया के लोग करत हैं। झूठ-मूठ का धर्म-कर्म बचाने बदे। असल में धर्म-कर्म बचावे से पहले नेम में जो आचरण है, वहके अमल में लावे के

पड़ी, तब जाकर असली धर्म-कर्म बची। अभी हमार नेम का होवे के चाही, हम वही कर रहे हैं।

लालमन : नेम-धर्म का मतलब का होत है?

कम्पनी उस्ताद : साधारणजन की भलाई में जो लोग लगे हैं, वही धार्मिक हैं। और जो अपनी इन्द्रिय अपने बस में राखत हैं, वही नेमी। यह दोनों के जो सम्भाल लेत हैं, वह धर्मात्मा हैं। जैसे कबीर साहब, पल्टू साहब, खुसरो साहब, सब धर्मात्मा रहे।

लालमन : लेकिन नोट छापल और चोरी-छिपे बजारेमाँ चलावल, का धार्मिक काम है?

कम्पनी उस्ताद : हाँ, धार्मिक काम है। आज़ादी के लड़े बदे हथियार किनाय। पर्चा छपे। गरीब-गुरबा के रोटी-अन्न मिले, हरज-गरज चले नोट छापे के पीछे हमार यही मकसद है। पाप तो तब होत, जब यह नोट अपने पेट और सिंगार पर खर्च होत।

लालमन : कम्पनी, एक दुखिया बेचारा कई रोज से हमारे पीछे पड़ा है। कोनो काम में लगा दीजिए, बाल-बच्चा वाला आदमी है।

कम्पनी उस्ताद : कैसा आदमी है? ठोक-बजाकर देख लो।

लालमन : जँचइया कर लिया है। सच्चा आदमी लागत है। सबसे बड़ी बात है कि गुनिया है। तबला बढ़िया बजावत है। कोनो मशहूर तबलिया से सीखा है।

कम्पनी उस्ताद : बुलाओ उसको।

[लालमन नेपथ्य में जाता है और एक आदमी को लेकर आता है।]

कम्पनी उस्ताद : कहाँ के रहने वाले हो?

गोपीचन : आरा, आरा...

कम्पनी उस्ताद : नाम क्या है?

गोपीचन : गोपीचन साहु।

कम्पनी उस्ताद : पहिले कहाँ काम करत रहे?

गोपीचन : बम्बई, बम्बई में सरकार! फेरी का काम करत रहे। परिवार में दिगदारी पड़ि गवा, यही मारे घर लौट आवा। अब जाए का जी नाहीं चाहत है। एक ढेबुआ कम मिले मगर यहीं कोनो काम करब। बम्बई कोनो शहर है सरकार? मनई पर मनई, मनई पर मनई। केहु-केहू का दुख न समझत है। अपने यहाँ तो यदि केहू के गोड़ में ठेस लागि जात है, तो पूरा गाँव इकट्ठा होय जात है।

कम्पनी उस्ताद : चलो, अच्छा भवा कि तुम सबेरे चेत गए। लोग तो पूरा उमिर गुजार देत हैं मगर चेत नाहीं पावत हैं। अपने देस-दुनिया से बाहर उनकी दुनिया बसी है।

गोपीचन : आप ठीक कहत हईं सरकार!

कम्पनी उस्ताद : हमें सरकार मत कहो। कम्पनी कहो, कम्पनी!

गोपीचन : गलती हो गई सरकार!

कम्पनी उस्ताद : फिर सरकार, बोली बिगड़े से मिज़ाज बिगड़ जात है।

लालमन : भंडारा कब है?

कम्पनी उस्ताद : अगला महीना में।

लालमन : अगला महीना में?

कम्पनी उस्ताद : इसमें अचरज की कौन बात...

लालमन : कौन-कौन लोग आवत हैं?

कम्पनी उस्ताद : भंडारा में नामी-गिरामी निरगुनिया के बुलावे का है। बड़की दुलहिन आईं कि अजहरा बेगम, सोनाबाई के अलावा और कुछ गवैया-बजवैया को चिट्ठी लिख दीजिए। मैंने लिख दिया।

लालमन : आप रहब न?

कम्पनी उस्ताद : *(मुस्कराते हुए)* लऽ, अब हमहीं न रहब! दो-चार दिन में तुलसीदल बटव शुरू हो जाई।

[सरकसवा बाबू का प्रवेश होता है। उनके पीछे दो लठैत भी हैं। सरकसवा बाबू को देखकर ललमनवा चौंकना जाता है। गोपीचन कुर्सी लेकर आता है। सरकसवा बाबू को बैठने का इशारा करता है।]

सरकसवा बाबू : *(चेतावनी भरे स्वर में)* कम्पनी, हम तुम्हें आगाह करने आए हैं कि अपनी औकात में रहो। तुम हमको नहीं जानते। हम आदमी को उलटाकर, उसका तेल चुआ लेते हैं।

कम्पनी उस्ताद : मतलब?

सरकसवा बाबू : हमारे घर की इज़्ज़त पर हाथ डाल रहे हो और ऊपर से पूछते हो कि मतलब? बड़की दुलहिन तुमसे मिलने क्यों आती हैं? तुम उनसे क्यों मिलने जाते हो? ऊपर से यह बेशर्मी कि पूछते हो मतलब?

कम्पनी उस्ताद : आप हमारे दरवाज़े पर आए हैं इसलिए आपसे हमारी विनती है ऐसा कुछ मत कहिए जो धरती और आकाश में न समाय। बड़की दुलहिन से हमार का रिश्ता है, वह आपके समझ के बाहर है।

सरकसवा बाबू : क्या कहा, रिश्ता? रिश्ता बराबरी वालों में होता है। हमारे खानदान का यह रिवाज नहीं है कि रैयत के दरवाज़े पर हमारी बहू-बेटियाँ मिलने जाएँ। तुम कब से इतने बड़े आदमी हो गए जो हमसे रिश्ते की बात करने लगे?

कम्पनी उस्ताद : सरकसवा बाबू, यह मत भूलिए कि रिश्ता संस्कार से बनता है और हम संस्कार से छोटे आदमी नहीं हैं। वह हमसे राय करने आई थीं। मेरा फर्ज़ था कि अकिल के अनुसार मैं उनकी मदद करूँ, सो मैंने की।

सरकसवा बाबू : कैसा राय-मशविरा?

कम्पनी उस्ताद : भंडारा के सम्बन्ध में।

सरकसवा बाबू : झूठ बोलते हो। मुझे सब पता है कि मेरे खिलाफ क्या साज़िश चल रही है। भाभी को मुझे बड़ी कोठी से निकाल लाल कोठी में ढकेलकर भी सन्तोष नहीं हुआ है। खजाँची को खर्च का हिसाब देना पड़ रहा है। शिकार के लिए गोलियाँ गिनकर मिल रही हैं। आखिर वह अब क्या चाहती हैं? मगर यह सब मैं चलने नहीं दूँगा।

कम्पनी उस्ताद : *(चुटकी लेते हुए)* अच्छा, यह सब हुआ! अब शर्बत पीजिए हुज़ूर! थोड़ा मन हल्का कीजिए।

सरकसवा बाबू : लाट साहब के यहाँ ड्रिंक लिया हूँ, वहाँ से सीधे यहाँ आ रहा हूँ।

कम्पनी उस्ताद : तो, सरकार, पान ही खा लीजिए।

सरकसवा बाबू : *(हिकारत भरे स्वर में)* मैं चमार के हाथ का लगाया हुआ पान नहीं खाता। और कम्पनी, तुम तो बेकार ही बाभन के घर पैदा हो गए। तुम्हें चमार होना चाहिए था, चमार।

[सरकसवा बाबू पाँव पटकते हुए अपने लठैतों के साथ निकल जाते हैं। कम्पनी उस्ताद आगे बढ़कर सरकसवा बाबू से चिल्लाकर कहते हैं :]

कम्पनी उस्ताद : चमार होना आसान है का? हर माई अपने बेटा-बेटी के लिए चमार होत हैं। छोट से बड़ा करे में चमार बने के पड़त है सरकसवा बाबू! आप का समझब चमार की मर्यादा!

[कम्पनी उस्ताद चले जाते हैं।]

गोपीचन : ई हैं क्या सरकसवा बाबू?

[नेपथ्य से गाने का स्वर उठता है :]

बाबू सरकसवा न काहू के—
भाई भतीजवा, न काहू का प्यार जी
बाबू सरकसवा

लालमन : बड़की दुलहिन का देवर है। पटता नहीं उनसे। लेटियर का दलाल है साला।

गोपीचन : बड़ा रंग बाँध रहा था!

लालमन : रंग वह न बाँधेगा तो क्या तुम बाँधोगे। वह के मज़ाक़ जनि समझो। सरकस में पहिले रिंग मास्टर रहा। बाघ के मुँह में हाथ डाल के करतब दिखावत रहा। सरकस के जोकर की बिटिया से बियाह कर लिया। ईसाइन है, ईसाइन।

गोपीचन : लड़की ने सरकस छोड़ दी?

लालमन : बियहता होने पर छोड़ेगी नहीं, तो क्या सरकस में रहिके बतासा छानी? तार पर चलत-चलत गोड़ में छाला पड़ि जात। *(दोनों ठठाकर हँस पड़ते हैं।)*

[दृश्य लोप हो जाता है।]

तीसरा दृश्य

[रात का समय। टेबल पर लालटेन जल रही है। आरामकुर्सी पर बैठे हुए हैं कम्पनी उस्ताद। पनडब्बा लिये गोपीचन आता है। रोशनी धीरे-धीरे बिखरती है। गोपीचन कम्पनी उस्ताद को पान देकर, पैर दबाने लगता है। नेपथ्य से संगीत उठता है :]

एक भेदिया का भेद सुनो
वह फेंकत प्यार का पासा
निरगुनिया-भेदिया का मर्म न जाना
बना रहा वह दासा...

कम्पनी उस्ताद : क्या बात है, किस चीज़ की दरकार है? बोल न!

गोपीचन : आपै बताइए कि हम का चाहित हैं?

कम्पनी उस्ताद : हम कोनो भूत हैं? लेकिन, इतना जरूर कहि सकित हैं कि तू जरूर कुछ चाहता है।

गोपीचन : हमें आपका प्यार चाहीं और कुछ नाहीं।

कम्पनी उस्ताद : तो क्या वह तुझे नहीं मिल रहा है?

गोपीचन : उसमें कहाँ शक है! मगर एक ही चीज़ का मलाल है उस्ताद!

कम्पनी उस्ताद : किस चीज़ का मलाल?

गोपीचन : एक बार सरकार नोटवा दिखा देतीं।

कम्पनी उस्ताद : बोल, कितने रुपये का दरकार है?

गोपीचन : रुपया नाहीं। रुपया जेइसे पैदा होत है—ओकर रस्तवा...

कम्पनी उस्ताद : बड़ा मूरख है तू। इतना भी नहीं जानता कि रुपया मेहनत से पैदा होत है।

[गोपीचन इधर-उधर चकर-मकर देखता है।]

गोपीचन : मशिनिया दिखा देतीं, जीवन धन्य होय जात।

कम्पनी उस्ताद : *(चौंक कर)* कौन मशिनिया?

गोपीचन : नोटवा छापेवाली सरकार!

कम्पनी उस्ताद : *(सकपकाते हुए)* हमका तो नहीं मालूम। तू कौन मशीन-वशीन की बात कर रहा है?

गोपीचन : सरकार, हम टकसलवा की बात करित हैं। हमहूँ आपके टकसाल का नोट बजारेमाँ चलावा है। अब हमसे का छिपा है सरकार!

[कम्पनी उस्ताद अवाक् खड़े गोपीचन को देखते हैं, गोपीचन कम्पनी उस्ताद के पैर पर गिरता है।]

कम्पनी उस्ताद : पागल हो गया है क्या?

गोपीचन : *(गिड़गिड़ाते हुए)* हमरे पर विश्वास करीं सरकार, मरते मरि जाब लेकिन पेट की बात, पेट में ही रहि। एक बार टकसलवा दिखा देतीं सरकार, जिनगी सुफल हो जात। एक ठु देखनहार चीज़ की बात है सरकार! अतना दिन साथ में रहत हुआ, आपसे कुछ नाहीं माँगा। पहली बार कुछ माँगा है।

[कम्पनी उस्ताद तनिक देर कुछ सोचते हैं फिर नेपथ्य की ओर बढ़ते हैं और उनके पीछे गोपीचन का प्रस्थान।]

[दृश्य लोप हो जाता है।]

चौथा दृश्य

[रात का दृश्य। मंच पर पुलिस की धर-पकड़ और भागम-भाग। ग्रामीण लोग सहमे हुए। हाथों में लालटेन लिये कुछ खड़े, कुछ बैठे हुए दिख रहे हैं। पुलिस कम्पनी उस्ताद के कमर में रस्सी और हाथ में हथकड़ी लगा रही है। गोपीचन पुलिस-कैप लगाए रिवॉल्वर हाथ में लिये खड़ा है। धीरे-धीरे रोशनी आती है।]

कम्पनी उस्ताद : *(आश्चर्यचकित होकर)* गोपीचन, तू?

गोपीचन : *(अपना परिचय पत्र दिखलाते हुए)* माफ़ कीजिएगा, गोपीचन नहीं। पुलिस सब-इंस्पेक्टर जटाधारी प्रसाद।

कम्पनी उस्ताद : *(हिकारतभरे अन्दाज में)* बड़ा दगा किया बाचा।

गोपीचन : मैंने तो अपनी ड्यूटी की, दगा तो आपने किया। व्यक्तिगत स्वार्थ से जरा ऊपर उठकर सोचिए कि राष्ट्र बड़ा होता है कि व्यक्ति? आपने राष्ट्र के साथ दगा किया! समूची नागरिकता का ख़ून किया!

कम्पनी उस्ताद : *(उत्तेजित होकर)* हाँ, मैंने ख़ून किया। दगा किया। बार-बार करब। फिरंगी व्यवस्था का ख़ून करब। जो व्यवस्था गुलामी की डोर से बँधी हो, उसका तो ख़ून होना ही चाहिए। मैंने दगा किया। ख़ून किया। लेकिन तुम्हारे जैसे राष्ट्र-विरोधी को कोई हक़ नहीं बनता कि वह मुझे उपदेश दे।

गोपीचन : जाली नोट छापना कहाँ का राष्ट्रहित है? आपको राष्ट्रहित की बात करते हुए शर्म आनी चाहिए।

कम्पनी उस्ताद : जरूर शर्म आनी चाहिए, इसलिए कि तुम्हारे जैसे गद्दार को मैं चीन्ह नहीं पाया, थू...

[पुलिस कम्पनी उस्ताद को मारने दौड़ती है। गोपीचन मना कर देता है। कम्पनी उस्ताद के भीतर से फूट पड़ता है गीत :]

कम्पनी उस्ताद : रे गोपीचनवा...
तोहरा जीये से बेस बा मरनवा
कि बाचा जेहलखनवा
देखवलऽ नऽ...
रे गोपीचनवा...
भरि-भरि कटोरवा त दुधवा पिअवली
डारि के मिसरी मखनवा
कि बाचा जेहलखनवा...देखवलऽ नऽ
हथवा में घड़ी और गोड़वा में जूता
लुंगी खरीदली चरखनवा
कि बाचा जेहलखनवा देखवलऽ नऽ

[गाना सुनकर ग्रामीणों के अन्दर साहस पैदा होता है। वे गोपीचन के नजदीक आते हैं।]

ग्रामीण : आपने कम्पनी को क्यों गिरफ्तार किया?
गोपीचन : वह जाली नोट प्रिंट करता था।
ग्रामीण : वह मशीन कहाँ है?
गोपीचन : लुटेरे उसे लेकर भाग गए।

[गोपीचन धक्का देकर, रूल चलाकर ग्रामीणों को रास्ते से अलग करता है। कम्पनी उस्ताद को लेकर पुलिस आगे बढ़ती है। मंच की दाईं तरफ तीन स्टैंडों को जोड़कर जेलखाना बनाया गया है। उसके अन्दर

लाकर कम्पनी उस्ताद को खड़ा कर दिया जाता है। ग्रामीण जेल के बाहर थोड़ी दूरी पर खड़े रहते हैं। बाईं तरफ अजहरा बेगम और सोनाबाई खड़ी हैं।

गोपीचन अजहरा बेगम और सोनाबाई के पास जाता है। वे दोनों अपना जेवर निकालकर गोपीचन की ओर बढ़ाती हैं।]

गोपीचन : सॉरी, मैं कुछ नहीं कर सकता। वह जाली नोट प्रिंट करता था। उसने ब्रिटिश एम्पायर को चैलेंज किया। काइंडली ये जेवर अपने पास रख लीजिए। कोर्ट के जजमेंट की कीजिए प्रतीक्षा।

[धीरे-धीरे प्रकाश धीमा हो जाता है। नेपथ्य से तीन-चार घंटे के बजने की आवाज़ आती है। रोशनी तेज हो जाती है। सोनाबाई, अजहरा बेगम सिसकने लगती हैं। संगीत उठता है। ग्रामीण कलपते हुए गाते हैं :]

ग्रामीण : सात साल के भइलें जेहलिया हो रामा
सात साल के...
हो गइलें चिरई
बिना पर के हो रामा
रहिया-बटोहिया सब केहू रोवे रामा
साथी रोवें धर बँहियाँ हो रामा
सात साल के...

[गाना समाप्त होता है। दस मिनट के लिए मध्यान्तर की घोषणा और परदा धीरे-धीरे गिर जाता है।]

तीसरा अध्याय

पहला दृश्य

[मंच के ऊपरी हिस्से में चारों प्लेटफॉर्म एकसाथ जोड़ दिये गए हैं। उस पर रजमतिया बैठकर सिसक रही है। बाईं तरफ कुछ दूरी पर सरकसवा बाबू एक मोढ़े पर बैठे अपने अमलों से बात कर रहे हैं। प्लेटफॉर्म की दाईं तरफ कुछ ग्रामीण उदास बैठे दिख रहे हैं। परदा खुलने के साथ संगीत उठता है और नेपथ्य से गाने की आवाज़ आती है :]

आवाज़ : बाबू सरकसवा
न काहू के भाई-भतिजवा
बाबू सरकसवा...
चक्की मैं दरि-दरि
हमें अलगावे
लट-धूमिल केसिया के
चँवर डुलावे
बाबू सरकसवा...
घरे-घरे सिसके
माई-बहिनियाँ
घरे-घरे कसइया बखान जी
बाबू सरकसवा...

[गाना समाप्त होते ही रोशनी पूरे स्टेज पर बिखर जाती है और आँसू को पोंछती हुई रजमतिया उठती है।]

रजमतिया : *(शाप देने की मुद्रा में)* हे सूरज भगवान, तू विचार करऽ। दहिजरा के पूत, निरवंश हो जाए गोपीचनवा। हँसत-खेलत घर में आग लगाय गवा। हमार मरद तबका भागा, घरे नाहीं आवा। न जाने कहाँ और कइसे रहत होई! गोपीचनवा के ओबा माई ले जाय। उछिन्न हो जाय ओकर घर-दुआर।

सरकसवा बाबू : *(दाँत पीसते हुए)* गोपीचनवा का कौन दोख रे? खास कम्पनी बहादुर अंग्रेज सरकार का ओहदादार नौकर है। कुछ ढुका तेरे भेजा में? ओके तो फराडगीरी करेवालन के पकड़ने वाला ही काम मिला है। कम्पनी को नाहीं पकड़ता तो का चुम्मा लेता और कहता कि ख़ूब नोट छापो!

रजमतिया : चुम्मा लेवे के कौन कहत है, मगर...

सरकसवा बाबू : चुपाई मार! ई बता कि का यह कोनो झूठ बात है कि कम्पनी जाली नोट छापि-छापि घर-खेत, दुनिया-जहान नहीं कर लिया?

रजमतिया : एकदम झूठ बात। केकर हरज-गरज नाहीं चलवलन। कहाँ-कहाँ के लूला, लँगड़ा, बेवा, बेसवा, झंडा-पताका वाले, गवैया-बजवैया, काके बदे नाहीं कइलन। गड्डी-गड्डी नोट सब ले गइलन मुँहझौंसा।

सरकसवा बाबू : औकात में रह रजमतिया! बेसी बड़कवा के मुँह नाहीं लागे के। केकर-केकर जीभ पकड़बू। जा तनी बहरे, सब तो कहत हैं कि कम्पनी चार सौ बीस है...रंडीबाज... आवारा...

रजमतिया : वही कहत होई, जे वइसन होई। लोग आपन नहीं देखते टुकड़ाखोर लोग!

सरकसवा बाबू : *(थोड़ा आगे बढ़कर)* चुप! ललमनवा चुप्पे-चोरी घरे आवेला, हमें पता नाहीं है का? पुलिस जो दिन पकड़ी, मारि के कचूमर निकाल लेई। तोर मरद

तो ख़ुद मुजरिम बना है। काहे को फटर-फटर बोलती है?

[रजमतिया यह सुनकर चुप हो जाती है और सिर झुका लेती है। सरकसवा बाबू अपने अमलों के साथ कर जाते हैं प्रस्थान।

लुक-छिपकर लालमन आता है। रजमतिया बिस्तर ठीक करती हैं।]

लालमन : *(धीमे स्वर में)* हे रजमतिया, हे रजमतिया!

[रजमतिया इधर-उधर देखकर उसके पास आती है कि इतने में बक्सीनेटर आ जाते हैं।]

बक्सीनेटर : तू मारा-मारा काहे घूमत हो भाई, चुप्पा-चोरी घरे आइब-जाब का मतलब? कोर्ट में जवन फैसला भवा—वहमाँ तोर नाम नाहीं रहा। काहे बदे मारा-मारा फिरत हो? सीना तानकर घूमो। तू मुजरिम नाहीं हो।

लालमन : का सच्चो बात है बक्सीनेटर?

बक्सीनेटर : तो का हम तोहसे झूठ बोलब?

लालमन : तो हम बेकारे अतना दिन मारा-मारा यहाँ-वहाँ घूमत-फिरत रहे? लम्मरदार, महंथ, गनेसी का-का न किया। बाप रे बाप! धोखा हो गवा।

बक्सीनेटर : हम तो कितने बार रजमतिया से कहा कि हमके मिलाओ। लेकिन वह तो डेरात रही।

लालमन : लेकिन अब डराये का कोनो बात नाहीं है न?

बक्सीनेटर : नाहीं भाई, बेफिकर होके घूमो। अच्छा, भाई, चली। जै राम जी की!

[बक्सीनेटर का प्रस्थान। रजमतिया और लालमन दोनों आकर प्लेटफॉर्म पर लगे बिस्तर पर बैठ जाते हैं।]

लालमन : बक्सीनेटर की बात का कौन विश्वास! अच्छा, सुन, नरायन कहत रहा कि सरकसवा बाबू के साथ गोपीचनवा को पटना के एक होटल में ढुकत देखा है। यह भी कहत रहा कि सरकसवा बाबू गोपीचनवा को कम्पनी उस्ताद से सटावे बदे हमार पता दिया रहा।

रजमतिया : एकदम झूठ बात। ऐसा होत तो का गोपीचनवा का मग़ज़ ख़राब रहा कि गाँव में अतना दिन रहा मगर सरकसवा बाबू से एक बार भी नाहीं मिला?

लालमन : तोके दिखाके मिलत का? खाँटी विलायती हाकिम का नौकर है ऊ। ओकरे पेट में बुद्धि है कि नाहीं? हमन के माफ़िक देहाती-भुच्चड़ थोड़ो है। कैसा बोलत रहा गिटपिटिया बोली! पेट में बुद्धि चाहीं। यहाँ के समझी रे गिटपिटिया बोली?

रजमतिया : तू तो सरकसवा बाबू माफ़िक बतियाता है!

लालमन : *(मुँह बनाते हुए)* हुँह, सरकसवा बाबू! ओकरे से हमका काहे मिलावत है? वह तो हाकिम के आगे-पीछे दिन-रात खैरख्वाही में लगा रहत है। मुंशी जी बतावत रहे कि आजकल वह लेटियर साहेब के पीछे दीवाना है।

रजमतिया : लेटियर साहब कौन हैं?

लालमन : बड़ा रंगीला है सार। घोड़ा के शराब पिआवत है।

रजमतिया : *(हँसते हुए)* तू ओकर घोड़ा बन जाते, तो बड़ा मजा आवत।

लालमन : *(उसी अन्दाज़ में)* हम तो तोहार घोड़ा हैं, तोहार।

[रजमतिया मुस्कराते हुए झेंप जाती है।]

[गाँववाले ढोल-मजीरा लिये ग्रुप में गाते हुए प्लेटफॉर्म के पास आते हैं। लालमन और रजमतिया भी उसमें हो जाते हैं शरीक।]

ग्रामीण : देखत-देखत में दिन कट गइले
आइल दिनवा बहुरि के हो रामा,
दिनवा बहुरि के...
जेलवा से बहुरे गोड़वा
आज रखिहें रामा
देखी तनी हमनी के संग चलि के हो रामा
संग चलि के...

[धीरे-धीरे प्रकाश बुझ जाता है।]

दूसरा दृश्य

[कम्पनी उस्ताद जेल के बाहर आते हैं। प्लेटफॉर्म पर खड़े हो जाते हैं। उनके गले में माला और हाथ में काग़ज़ों का एक पुलिन्दा है। उनके पीछे अजहर बेगम और सोनाबाई खड़ी हैं। रोशनी धीरे-धीरे उठती है और पूरे स्टेज पर बिखर जाती है।]

कम्पनी उस्ताद : इतने दिनों के कारावास में शब्दों की अर्थवत्ता जो मुझे हासिल हुई, वो पिछली तमाम जानकारियों से अलग है। मेरे उस एकाकीपन में शब्द मुझसे बात करते रहे। मुझे रचते रहे। उस रचने में कितना कुछ घट गया! मुझे यक़ीन है कि इन गीतों को जब आप लोगों का स्वर मिलेगा, तो कई बन्द कंठ खुल जाएँगे। कई आँखों में कई आँखें दिखाई पड़ेंगी। बड़की दुलहिन को कभी गाते हुए देखिए, फिर आपको पता लगेगा कि आँखों में आँखों का होना किसे कहते हैं। हम पहले उनके पास चलेंगे।

[अजहरा बेगम सिसकने लगती है।]

कम्पनी उस्ताद : क्या हुआ?

अजहरा बेगम : *(आँसू पोंछते हुए)* बड़की दुलहिन नहीं रहीं।

सोनाबाई : *(रुआँसे स्वर में)* मरते समय उनकी ज़ुबान पर आप ही का नाम था।

[कम्पनी उस्ताद को यह सुनकर काठ मार जाता है। उनकी पपतियाँ भर जाती हैं। करुण स्वर में गाते हैं :]

माया की नगरिया में
लागलवा बजरिया हो सुहागिन
चिजवा बिकेला अनमोल
हे सुहागिन
माया की नगरिया में...

[दो सिपाहियों का प्रवेश होता है। वे दूर खड़े होकर देखते हैं और आपस में बात करते हैं।]

सिपाही-1 : रंडी-पतुरिया के लिए गीत लिखता है। अभी-अभी रिहा हुआ है।

सिपाही-2 : वही तो देख रहा हूँ।

सिपाही-1 : औरत जहाँ भी देखते हो, वहीं लगते हो लार टपकाने। ठीक बड़का साहेब के माफ़िक।

सिपाही-2 : हम कुछ और देख रहे हैं तिवारी। तुम नहीं समझोगे। यह साला है बड़ा काम का आदमी।

सिपाही-1 : जानते हो का?

सिपाही-2 : अब हम ही नहीं जानते इस फराड को? साला घर में टकसाल चलाता था। नोट-पर-नोट छापकर गाँज दिया। पकड़ा गया, सजाय काटकर निकल गया। अब इसको घरी-घंट की चिन्ता है! पैसा है न इसके पास। रंडी पतुरिया, हाकिम-हुक्काम सबको अब कीनेगा, बेचेगा।

सिपाही-1 : तब तो इसके आगे-पीछे रहने में फायदा है।

सिपाही-2 : फायदा कहते हो। साला ताक देगा तो सोना हो जाओगे, सोना।

[दोनों बात करते हुए निकल जाते हैं।]

कम्पनी उस्ताद : अजीब-सा लागत है। बड़की दुलहिन के जाए के रहा तो हमरे आवे के बाद जातीं।

सोनाबाई : मौत पर किसका अधिकार है!

कम्पनी उस्ताद : अब यहाँ कोई नहीं बचा, जिसके पास...

अजहरा बेगम : मैं तो कहती हूँ कि अब यहाँ से चलिए। बहुत हुआ। आखिर किसके लिए यह सब...?

कम्पनी उस्ताद : कहाँ चले का है?

अजहरा बेगम : मेरे साथ। जहाँ मैं रहती हूँ, सब कुछ तो है वहाँ। एकान्त भी ऐसा है कि परिन्दों के अलावा कोई दिखेगा ही नहीं।

सोनाबाई : एकान्त ही तो था जेलखाना। फिर एकान्त में क्या? मैं तो चाहती हूँ कि उस्ताद मेरे साथ कलकत्ता चलें।

अजहरा बेगम : कलकत्ते ने ही तो सब कुछ किया। न कलकत्ता गए होते, न यह सब होता। ख़ुदा के लिए कलकत्ते का नाम ज़ुबान पर मत लाइए।

कम्पनी उस्ताद : कलकत्ते ने मुझे विचार दिया। देखने की दृष्टि दी। दिया ही दिया। लिया क्या?

सोनाबाई : ऐसा भी तो हो सकता है कि उस्ताद कलकत्ते में रहें और वहीं से आपके यहाँ आवें-जावें?

कम्पनी उस्ताद : अभी मैं कहीं नहीं जाऊँगा। गाँव में रहूँगा, गाँव में। जब स्थिर होगा मन-मिज़ाज, तब सोचेंगे। हो सकता है कि हम सब साथ रहें। कलकत्ता और बनारस में क्या रखा है!

[यह कहते हुए कम्पनी उस्ताद पीछे मुड़ते हैं कि धीरे-धीरे रोशनी लुप्त हो जाती है।]

तीसरा दृश्य

[सरकसवा बाबू अपने दो लठैतों के साथ मंच पर आते हैं। प्लेटफॉर्म के इधर-उधर खड़ा होकर आपस में कुछ गपशप करते हैं। नेपथ्य से संगीत उठता है :]

बाबू सरकसवा
न काहू के भाई-भतिजवा
बाबू सरकसवा...

[सरकसवा प्लेटफॉर्म पर चढ़ते हैं। नेपथ्य से आते हुए लालमन से डाँटकर पूछते हैं :]

सरकसवा बाबू : कम्पनी कहाँ हैं? जाकर उनसे बोल, मैं आया हूँ।

लालमन : वे केहू से नाहीं मिलत हैं।

सरकसवा बाबू : चुप साला, होश ठिकाने तो हैं। हम केहू नाहीं हैं। जाकर बोल, मैं आया हूँ।

[कम्पनी उस्ताद नेपथ्य से निकलकर मंच पर आते हैं।]

कम्पनी उस्ताद : कहिए, कैसे आना हुआ?

सरकसवा बाबू : *(कुटिल हँसी से)* हम ऐसे मिलने नहीं आ सकते क्या? भाभी नहीं रहीं तो इसका मतलब क्या, हम लोगों को भी आप भूल जाएँ।

कम्पनी उस्ताद : मेरे लायक कोई सेवा?

सरकसवा बाबू : सेवा क्या! आप जैसे गवैया से सेवा लेने की बात सोचना भी पाप है। हम तो कुछ अनुरोध करने आए हैं। हुक्म दीजिए तो कहें।

कम्पनी उस्ताद : इसमें हुक्म की क्या बात है! कहिए।

सरकसवा बाबू : इस बार सोनपुर मेला का ठेका मैंने ले रखा है। बड़े-बड़े राजा-महाराजा, अंग्रेज बहादुर, लाट साहब, लेटियर साहब—सभी आ रहे हैं। आपका बड़ा स्टेज हम लगाना चाहते हैं। आपको आना है, पूरी टीम के साथ पहुँचें। डुग्गी पिटवा दूँगा। आपका गाना सुनने के लिए पूरा इलाका फाट पड़ेगा।

कम्पनी उस्ताद : निलहा साहब भी आवत हैं?

सरकसवा बाबू : आप कहें, तो बोलवा लें।

कम्पनी उस्ताद : हमरे कहे पर कुछ मत करीं। अपनी बुद्धि पर चलीं। हमके तो अतना पता है कि पनसेरी की दुकान से लेकर बड़ी-बड़ी मिलें अंग्रेजन के हाथ में हैं। निलहा साहब नील की खेती बदे, कितनी ज़मीन बंजर कर दिया। किसान सब बर्बाद हो गए। दाना-दाना का मोहताज़।

सरकसवा बाबू : आबाद करने का ठेका आपने ही ले रखा है?

कम्पनी उस्ताद : ऐसा मत कहिए सरकसवा बाबू! मैं क्या, और लोग भी हैं, जिनका ज़मीर अभी मरा नहीं है।

सरकसवा बाबू : ज़मीर के चक्कर में जो पड़ा, वह चला गया बूट लादने। नामलेवा कोई नहीं बचा। आप तो जेहल खटकर आ गए हैं। भय आपका छूट गया है। सब आपकी तरह नहीं हो सकते न। घर-परिवार की इज़्ज़त भी कोई चीज़ है।

कम्पनी उस्ताद : फिर काहे चले आए मुझ जैसे बदनाम आदमी के पास? बदनामी के अलावा क्या मिलेगा मेरे पास?

सरकसवा बाबू : हाँ, सो तो बात है। लेकिन मैं चाहता हूँ कि आपकी छवि ठीक हो। टकसलवा वाला कलंक धुल जाए। रंडी-पतुरिया की संगत से निकलकर, साहब-सूबा की संगत में उठने-

बैठने का आपको मौका मिले। लेटियर साहब ने भी कहा कि सभा-वभा से कम्पनी को निकालो। जो हुआ, सो हुआ। हम सब आपके शुभचिन्तक हैं न!

कम्पनी उस्ताद : काहे की इतनी मेहरबानी!

सरकसवा बाबू : बड़की दुलहिन का फर्ज़ पूरा कर रहा हूँ।

कम्पनी उस्ताद : अब उनका नाम तो मत ही लीजिए। आपकी बात से उनकी आत्मा को बहुत कष्ट हो रहा होगा। समय काहे को बर्बाद कर रहे हो भाई। जाइए, दावत-तवाजा खाइए और फिरंगियों के साथ मिलकर पूड़ी-पुआ पकाइए।

सरकसवा बाबू : कैसी बात कर रहे हैं आप?

कम्पनी उस्ताद : हमको भोंपट समझते हैं आप? हमको सब पता है। यह भी पता है कि कैसे आपने पुपरी स्टेट के कर्मचारी किशोरी ओझा को पटाकर हरिवंश गिरि की ज़मीन एच.भी.लो. एंड कम्पनी को दस्तावेज़ करा दिया। वह ज़मीन मुग़ल बादशाह ने शिवाला के लिए दान दिया था।

सरकसवा बाबू : अच्छा, बकवास बन्द। एक लफ़्ज़ फालतू बात नहीं। गाने के लिए मेला में आपको आना है, आ जाइएगा। लेटियर साहब का मन हो गया है आपको सुनने का, वरना हमको क्या गरज पड़ी थी।

कम्पनी उस्ताद : मैं नहीं आऊँगा।

सरकसवा बाबू : *(तीखे स्वर में)* क्या कहा, नहीं आओगे?

कम्पनी उस्ताद : हाँ, एक बार नहीं, सौ बार—नहीं आऊँगा! नहीं आऊँगा!! नहीं आऊँगा!!!

सरकसवा बाबू : *(उसी स्वर में)* तो गाँव छोड़कर जाना पड़ेगा।

[लालमन यह सुनकर सरकसवा बाबू की तरफ लाठी लेकर दौड़ता है कि सरकसवा बाबू के लठैत उसे दबोच लेते हैं और नीचे पटक देते हैं।

सरकसवा बाबू लालमन के मुँह पर रूल घुमाते हैं।]

सरकसवा बाबू : हम तेरी ज़ुबान काट लेंगे। गाँव को बर्बाद कर देंगे। तू हमको पहचानता नहीं साला। चूतड़ पर अभी चार हंटर लगेगा कि होश ठिकाने आ जाएगा।

[सरकसवा बाबू अपने लठैतों के साथ पाँव पटकते हुए चले जाते हैं। लालमन सरकसवा बाबू का पीछा करना चाहता है, लेकिन कम्पनी उस्ताद उसे जबरन पकड़कर नेपथ्य में चले जाते हैं। प्रकाश बुझ जाता है।]

चौथा दृश्य

[मेला का दृश्य उभरता है। डमरू, पिपहरी, नगाड़ा आदि की आवाज़ आती है। मंच के प्लेटफ़ॉर्म पर हाथी और शेर का मुखौटा पहने दो लोग लड़ने की भूमिका में हैं। दस-पाँच लोग तमाशबीन के रूप में खड़े हैं। थोड़ी दूर पर एक आदमी बैलून बेचता दीख रहा है। कुछ लोग बच्चा-बुतरू को कंधा और कमर में लिए मंच पर आते हैं और प्लेटफॉर्म के बगल से गुजरते हुए नेपथ्य में चले जाते हैं। नेपथ्य से संगीत उठता है। रोशनी पूरे स्टेज पर पसर जाती है।]

मेला में घूमत बाटे
गोरी के इअरवा
इअरवा लखि देखें हो रामा...
गोरी के हाथ में गोदनवा
गोदनवा पढ़ि देखें हो रामा...
गेनवा के फुलवा
कनवा में खोंसले
इअरवा लखि देखें हो रामा
मेला में...

[गाना समाप्त होते ही शेर और हाथी दोनों नाचते हुए नेपथ्य में चले जाते हैं। प्लेटफॉर्म पर चार मेलहा आते हैं। आगे-पीछे अगल-बगल से खड़े हो जाते

हैं और पंजों के बल उचक-उचककर एक तरफ देखने लगते हैं।]

गुंजेसरी : लागत है इ बाघ का बच्चा लेटियर साहब कम्पनी उस्ताद खातिर लावा है।

मेलहा-1 : ना,ना, वह तो दिखावे आवा है कि जैसे बाघ का बच्चा हम कब्जा में करि सकित हैं, वही माफिक जेके चाहव, ओके कब्जा में कय लेवे।

मेलहा-2 : जवन ताहरे सब कहो भइया, लेकिन सही मायने में है वह भरत का अवतार। बाघ के मुँह में हाथ डाल के दाँत गिन लेत है, का कोनो मज़ाक़ है!

मेलहा-3 : सर्कस का बाघ होगा। सिखावल, पढ़ावल होगा।

मेलहा-1 : बड़ा बुरबुक हो भाई। सर्कस के बाघ की आँख बुढ़ाय जात है मगर जंगल के बाघ की आँख शीशा के गोली माफिक चम-चम चमकत हैं। अँखिया नाहीं देखत हो, लागत है कि लील जाई।

मेलहा-2 : देखो असल मामला ई है कि लेटियर सहेबवा हिन्दी सीख लिया है। कम्पनी उस्ताद के मुकाबले में गावे बदे आवा है। जब देखेगा कि नहीं सक रहे हैं तो उनके ऊपर बाघ का बच्चा फेंक देवेगा।

मेलहा-3 : अब समझ में आवा, तो ई पेंच है! तो यही डर के मारे कम्पनी उस्ताद मेला में न आवा, बात अब समझ में आवा।

गुंजेसरी : चुप साला। अइसन-अइसन गड़घुरिया स़े कम्पनी उस्ताद अगर लगवतैं, तो उस्ताद न होते। वह तो मगहर गए हैं। वहाँ कौनों सत्संग है।

मेलहा-1 : वह कहीं नहीं गया होगा। वह तो सोनाबाई के यहाँ होगा। वहीं जाकर नोटों का कारोबार करेगा। सरकसवा बाबू के डर के मारे गाँव छोड़ दिया।

[गुंजेसरी की बहू दौड़ती हुई नेपथ्य से आती है और गुंजेसरी के पास आकर खड़ी हो जाती है।]

गुंजेसरी की बहू : तोह के कहाँ-कहाँ नहीं खोजा। तुम यहाँ खड़े हो, चलो हमरे हाथ पर गोदना गोदवाय दो। एक टू मोर बनवाय दो।

गुंजेसरी : *(मुस्कराते हुए)* हमार नाम नाहीं गोदवइबे का?

गुंजेसरी की बहू : भक्कऽ।

[मेलहा लोग हँस पड़ते हैं।]

गुंजेसरी की बहू : पोखरवा पर कइसन भीड़ है रे। बड़ा हाथी-वाथी देखाय पड़त है।

गुंजेसरी : बहुत कहाँ, एक ही तो हाथी है। झरेला लाल का हाथी।

गुंजेसरी : चल, चल, ललमनवा भी वहीं होगा।

[दोनों हाथ में हाथ डाले आगे बढ़ते हैं और नेपथ्य में चले जाते हैं। बाकी मेलहा भी पीछे-पीछे जाते हैं मगर वे नेपथ्य की तरफ झाँककर वापस चले आते हैं।]

मेलहा-1 : फुलगेना बाई लखनऊ की रंडी है। जवन कहो भाई, लेकिन झरेलालाल के ख़ूब भेड़ा बनावा।

मेलहा-2 : चुप सार, न जाने के, न वाने के। तू सब केहू के रंडिये कहि देवे का!

मेलहा-3 : तो का तोर बहिन लागत है?

[लोग हँस पड़ते हैं। गुंजेसरी और उसकी बहू दोनों तेजी से आते हैं। मंच के दाईं तरफ आगे उचक-उचककर देखने लगते हैं। उनके पीछे बाकी मेलहा भी खड़े हो जाते हैं।]

गुंजेसरी : वह देख, झरेला लाल नीचे, फुलगेना बाई हाथी पर। झरेला लाल के हाथ में सोहनहलुआ की थरिया है।

गुंजेसरी की बहू : कैसा चिरौरी कर रहा है कि खाय लेव मेम साहेब, खाय लेव मेम साहेब...

गुंजेसरी : अरे, वह देख, हाथी भागत है। लागत है कि माथा गर्म हो गवा।

मेलहा : हाँ रे, गजबाँक पर गजबाँक कैसा महावत मार रहा है मगर हाथी बढ़त जात है।

गुंजेसरी : भगदड़ होय गवा, भागो, भागो!

[सभी लोग भाग जाते हैं। गुंजेसरी को एक आदमी नेपथ्य से निकलकर पकड़ लेता है और उसे लेकर फिर नेपथ्य में चल देता है।

झरेला लाल धोती का पुछेटा कमर में खोंसते हुए मंच पर आते हैं। उनके हाथ में बन्दूक है। पसीने से तर हैं।]

झरेला लाल : हाथी पागल होय गवा। सोहन हलुआ में भाँग रहा। खाय लिया, मात गया। फुलगेना बाई हाथी की रसरी कसके पकड़ी हैं। देखो, कैसा पसीना चलत है फुलगेना बाई को! हाथी नाहीं समझ पावत है कि वो कितना नामी अप्सरा हैं। हाथी नाहीं रुका तो हम ओकर चमड़ा उतार लेव। ई कोनो मज़ाक़ नाहीं है। फुलगेना बाई से बढ़ि के दुनिया में हमारा कोई नहीं है। फुलगेना बाई को कुछ भवा तो हाथी को गोली मार देव। पूरा गोली मार देव।

[नेपथ्य से 'भागो-भागो' की आवाज़ आती है। झरेला लाल इधर-उधर चकर-मकर देखते हैं। धीरे-धीरे प्रकाश बुझ जाता है।]

पाँचवाँ दृश्य

[एक ऊँचा चबूतरा प्लेटफॉर्म पर बनाया गया है। उस पर महंथ बैठे हैं। एक आदमी चिलम बढ़ाता है। दो लठैत पीछे खड़े हैं। रोशनी धीरे-धीरे उभरती है।

एक लठैत गुंजेसरी का हाथ पीछे बाँध घसीटते हुए महंथ के सामने लाकर पटक देता है।]

महंथ : *(चिलम पीते हुए)* बैठ, बैठ, गुंजेसरिया। हम का सुना रे के तू बड़ा मनबढ़ हो गया है!

गुंजेसरी : *(काँपते हुए स्वर में)* नाहीं सरकार, आप तो हमार गुसैंया हैं माई-बाप!

महंथ : अब हम ही से उड़े लगले। हम तो उड़त चिरई के हरदी लगाइत हैं। तू हमही के ओका-बोका समझावे लगले। वह दिन जब गाँव में सरकसवा बाबू आए रहे तो सुना कि तू बहुत छनकत-पटकत रहे। असली बात बता दे। हम तुझे छोड़ देंगे।

गुंजेसरी : हम कुछ नाहीं बोला सरकार! साहेब जी ही कम्पनी के धमकी देत रहे। यहीं पर ललमनवा कुछ बोला। हम कुछ नाहीं सुना सरकार!

[महंथ मुस्कराते हुए उठता है और गुंजेसरी को एक छड़ी सटाक से मार देता है। गुंजेसरी छनमना जाता है।]

महंथ : चोट लगा का रे! मेला से लाकर छेदिया हमको दिया। बोला कि बेंत बहुत मजबूत चीज़ होत है। तोहका कैसा लगा? सफा-सफा बोल। हमें छेदिया की बात पर कोई भरोसा नहीं है।

गुंजेसरी : बहुत चोट लगा सरकार! दरद करत है। राह में लठैत जी चार लाठी मारे हैं। पूरा देहिया पिरात है सरकार!

महंथ : लठैत भी बड़ा हरामी चीज़ होत है। बड़ा गलती किया। चच्च! बेचारे को अनासे पीट दिया। छेदिया बोला कि मालिक पीटा-पीटी का झंझट ही खत्म कर दीजिए। हम बोला कि नाहीं। आखिर कुछ भी हो, गुंजेसरिया आपन आदमी है। कितना सेवा-टहल किया है! सजाय रुक-रुक के देना है। जान से मारव पाप है।

लठैत-1 : सरकार, आजकल यह सब कट्टा लेकर घूमत हैं। ई, चनकिवा, सब ललमनवा के गोल में रहत हैं।

महंथ : *(गुंजेसरी का बाल पकड़कर)* का रे, घाट-घाट का पानी पीये में अच्छा लागत है?

गुंजेसरी : लठैत जी झूठ बोलत हैं सरकार! हम कोनो गोल में नाहीं हैं। चिलम के लालच में ललमनवा का साथ पकड़ा। बस, वाकी से कोनो मतलब नाहीं।

[लठैत गुंजेसरी को एक लाठी जमा देता है।]

महंथ : हाँ, हाँ, यह क्या! काहे मारता है? अब क्या जान से मारेगा? हाथ का रस्सी छोड़, बेचारे का हाथ दर्द करता होगा। कब से बँधा है।

लठैत-2 : *(हाथ का रस्सी खोलते हुए)* बड़का चोर है सरकार! मौका मिला नहीं कि एक, दो, तीन हो जाएगा।

महंथ : हमारे चंगुल से भागकर कहाँ जाएगा? जहाँ जाएगा, फिर

यहीं चला आएगा। छेदिया बोला कि तू सधुक्कड़ हो गया है।

लठैत-1 : बड़का गँजेड़ी है सरकार! यह साला काहे का सधुक्कड़।

महंथ : गाँजा तो हम भी पीते हैं। का कोनो पाप है! अच्छा, गुंजेसरिया, तू ललमनवा का पता बता दे, हम तुझको छोड़ देंगे। देख, जैसे तोर हाकिम हम, वैसे हमार हाकिम सरकसवा बाबू।

[नेपथ्य से चीत्कार सुनाई पड़ती है।]

लठैत-1 : लगता है ललमनवा पकड़ा गया सरकार!

[ललमनवा को घसीटते हुए दो लठैत लेकर आते हैं। महंथ के आगे धकेल देते हैं।]

लठैत-1 : सुबह से खोजते-खोजते अभी जाकर मिला है। खेत में गपास्टक कर रहा था।

लठैत-2 : बड़ा चीमड़ है सरकार! पचास लाठी पड़ा, तब कहीं गिरा।

[सरकसवा बाबू अपने अमले के साथ आते हैं।]

सरकसवा बाबू : तेरा बाप कम्पनी कहाँ गया रे? बोल साला, आ रहा है तुझे बचाने!

महंथ : कम्पनी के इशारे पर नाचता था। भोग लिया न!

सरकसवा बाबू : साले के मुँह में कालिख पोतकर छोड़ दो। इतना ही काफी है।

[सरकसवा बाबू चले जाते हैं। महंथ लालमन के मुँह में कालिख लगवाता है। फिर वह भी लठैतों के साथ चला जाता है।

गुंजेसरी और लालमन दोनों धीरे-धीरे सिर उठाते हैं। पास में पड़ी हुई चिलम को माचिस लेसकर जलाते हैं। दोनों गाँजा पीते हैं, नगाड़ा जोर-जोर से बजता है। फिर धीरे-धीरे दोनों कुछ निश्चय कर खड़ा होते हैं और नेपथ्य की तरफ चले जाते हैं। रोशनी लुप्त हो जाती है।]

छठा दृश्य

[मंच के प्लेटफॉर्म पर फेंकू और मन्निया—दोनों दलित बिन्दास भाव में बैठकर गाँजा पीने की तैयारी कर रहे हैं। मन्निया के अन्दर भाव उठता है। वह गाने लगता है। रोशनी उठती है और आहिस्ते-आहिस्ते पसर जाती है।]

मुरैला मारे जइबे
हम तो मधुबनवा में मुरैला मारे जइबे...
हम तौ मधुबनवा में...

[अचानक गाना बन्द हो जाता है।]

फेंकू : रुक काहे गया?

मन्निया : तू जाँघ पर ताल नहीं मार पाता, कइसा बजबइया है रे! हम तो गगरी के मुँहकड़ा पर जैसा तान मार देव, वैसा तो कहरवा नाच का सोमई महरा भी नहीं मार पाएगा।

[फेंकू अपनी कमीज निकालता है और बाएँ हाथ की हथेली दाईं काँख में डालकर बजाने लगता है—पुक, पुक्क, पुक्क...]

फेंकू : मजा पाएगा ऐसा?

मन्निया : *(मुँह में उँगली डालकर तीतर और मुर्गे की बोली निकालते हुए)* क्या तू ऐसी बोली बोल पाएगा?

[तभी नेपथ्य से आवाज़ आती है।]

आवाज़ : जुलुम होय गवा! सरकसवा बाबू बम से उड़ि गए। मारेवालन में लोग कहत हैं कि ललमनवा का हाथ है। गाँव में कोई जाओ न। पलटन उतर आई है। उनके हाथ में बड़ी बन्दूक है।

फेंकू : ललमनवा जवन दिन पकरि जाई फाँसी चढ़ी।

मन्निया : *(चिलम टानते हुए)* किसको मालूम रहा कि नचनिहा, बजनिया से जनमरवा हो जाएगा।

फेंकू : *(चिलम पकड़ते हुए)* आदमी का माथा कब जानवर हो जाएगा, का कोनो ठीक है? यह तो संसार है और संसार माने, माया।

[नेपथ्य से आग लगने की लपट दिख रही है। ग्रामीणों के भागने की पदचाप सुनाई पड़ रही है।

मन्निया और फेंकू दर्शकों के पार कहीं दूर देखते हुए।]

मन्निया : ओ, देख, गुंजेसरिया को, कैसा बिलार का बच्चा लेकर भाग रहा है! अपनी जान के माफ़िक बिलार के बच्चा को समझत है।

फेंकू : बिलार के बिना खिआए खात नाहीं। छोड़, यह तो संसार है और संसार माने...

मन्निया : माया...

[दोनों बैठकर फिर गाँजा पीने लगते हैं।

नेपथ्य से औरतों के रोने-कलपने की आवाज़ आती है।]

मन्निया : *(रुआँसे भाव से)* लागत है रशीद की अम्मी की आवाज़ है।

फेंकू : *(उसी भाव से)* लागत है हमरे टोला में कोनों के पुलिस मारि डाली रे मन्निया...

[मन्निया उचककर फेंकू को दिखाता है।]

मन्निया : ऊ देख, ऊ देख, मोतिया के देख। लुंगी खुल गई। ले बलैया। नंग-धड़ंग भागत है।

[दोनों हँसते हैं, फिर रोने लगते हैं।]

फेंकू : अच्छा भवा। गरीब-गुरबा जितना जल्दी मर जाए, उतना ही अच्छा।

मन्निया : *(चिलम झाड़ते हुए)* छोड़, यह तो संसार है। संसार माने?

फेंकू : माया...

मन्निया : गुरुजी के पितरिया लोटा में गंगा जी खूँटी में लटकावल रहीं। उहो जरि गई होंगी और शालीग्रामो जी भी जरि गए होंगे।

फेंकू : पूरा गाँव जरि गवा! तोके गंगा जी और शालीग्राम जी का लगा है! के पूजा करी रे!

मन्निया : *(पास में पड़ी लाठी उठाकर फेंकू पर तानते हुए)* तोके बड़ा पापी लागी—अगर हमारे शालीग्राम जी के कुछ कहबे।

[फिर दोनों एक दूसरे को पकड़कर रोने लगते हैं। रोशनी बुझ जाती है।

सिपहिया और भगत जी दोनों गठरी-मोटरी लिये मंच पर आते हैं। रोशनी उठती है। सिपहिया सिसकने लगता है।]

भगत जी : रोअत-रोअत पागल हो जाबे का!

सिपहिया : कबीरो साहब तो पागल रहे। हम तो कबीरपंथी हैं। हमका का कोनो दुख है?

भगत जी : चल, घाट पर नहा ले, मन-मिज़ाज स्थिर हो जाई।

[सिपहिया का सिसकना बन्द होता है। भगत जी फफक-फफककर रोने लगते हैं।]

भगत जी : भगतिनिया कहत रही हमें रेल पर चढ़ाय दो, शहर दिखाय दो, गंगा जी नहवाय दो, फोटो खिंचवाय दो, अब तो अगिये में फोटो खिंचाय गवा।

[भगत जी को सांत्वना देते हुए सिपहिया, उन्हें लेकर नेपथ्य में चला जाता है।]

[दृश्य लोप।]

सातवाँ दृश्य

[रात का समय है —घर की सीढ़ियों पर सोनाबाई और अजहरा बेगम बैठी हैं—गुमसुम। लैम्पपोस्ट की रोशनी छनकर उनके चेहरे पर गिर रही है।]

अजहरा बेगम : मैंने एक सपना देखा है। अजीबो-गरीब सपना। देखा कि चाँद का आधा जिस्म आसमान में है और आधा समुद्र में। देखते-देखते समुद्र की दुनिया रौशन हो गई। लालोगुहर की दमक से दमकने लगा सब कुछ। बजने लगे शंख। न जाने कब एक जहाज आया। समुद्र के भीतर एक जेटी बनी। वह उससे आकर लग गया। उससे उतरे कम्पनी उस्ताद। चाँद का आधा जिस्म जो आसमान में था, वह भी आ गया उस्ताद के साथ। दो टुकड़े जुड़े और पूरा चाँद हो गया एकसाथ।

सोनाबाई : उसके आगे, यही न, कि अँधेरे में डूबे किसी रेलवे स्टेशन पर हम अपनी-अपनी ट्रेन की प्रतीक्षा कर रहे हैं; और जिसके भी हाथ में देखते हैं लालटेन, उससे ही पूछने लगते हैं—समुद्र के भीतर बनी जेटी का पता। पूछते हैं कि वह हँसने लगता है।

अजहरा बेगम : हाँ, ऐसा ही कुछ देखा कि आँख खुल गई।

सोनाबाई : जेटी समुद्र में है।

अजहरा बेगम : और समुद्र का रास्ता चाँद से होकर जाता है।

सोनाबाई : और चाँद?

[दृश्य अँधेरे में डूब जाता है।

धीरे-धीरे 'आन्हीं बूनी आवेली चिरैया ढोल बजावेली' गाने का गम्भीर स्वर उभरता है।

कम्पनी उस्ताद का आधा जिस्म अन्धकार में डूबा हुआ है। आसपास तारों की झिलमिलाहट है। रोशनी उनके चेहरे पर उभरती है।]

कम्पनी उस्ताद : मेरा चाँद मेरे साथ-साथ चल रहा है—आवारा बादलों और अमावस की काली रातों को चीरते हुए। वह चल रहा है ग्रह-नक्षत्रों में घूमते धूमकेतुओं के बगल से निकलता हुआ। वह चल रहा है मेरे साथ बिना किसी विश्राम के। वह मेरे साथ है और मैं उसके। जैसे चाँद, चाँद की खोज में है, वैसे मैं अपनी खोज में। खोजते-खोजते मैं कहाँ चला आया! सुदूर की कोई आवाज़ ढूँढ़ती अपनी आवाज़ों को आई और पूछने लगी मुझसे मेरा अता-पता। कहने लगी कि हवाएँ जिनके किवाड़ों को खोलती और बन्द करती हैं और मौसम जिनके लिए सजाता है भोजन का थाल, क्या उन्हें तुमने देखा है? क्या तुम जानते हो—आवाज़ों से जन्मी छवियों का सुख-दुख? मैं चुप रहा। चाँद मुस्कराया। हाँ, शायद तब वह नदी में उतरा था। उसकी निगाह मुझ पर पड़ी कि वह खिलखिलाकर हँस पड़ा। तभी वह आवाज़ मेरे भीतर कहीं जाकर छुप गई...बिना आईने के जो देख लेते हैं अपनी सूरत, वे बताते हैं कि उसी आवाज़ से जन्मी है यह आवाज़...हम आवाज़ की सन्तान हैं। मुश्किल जब भी पड़े, आवाज़ लगाओ। बिखरी आवाज़ों को इकट्ठा करो। आज तो और भी ज़रूरी है क्योंकि धीरे-धीरे लोग आवाज़ लगाना भूल रहे हैं।

[दृश्य लोप।]

आठवाँ दृश्य

[कम्पनी उस्ताद बुढ़ापे में हैं। केश और दाढ़ी दोनों बढ़े हुए हैं। उनके गले में हारमोनियम टँगा हुआ है। उनके पीछे एक युवा गले में ढोल लटकाए मंच पर आता है। धीरे-धीरे रोशनी उठती है।

कम्पनी उस्ताद को सहारा देकर मंच के दाहिने तरफ आगे वह लड़का आ रहा है। कम्पनी उस्ताद गाते हैं कि धीरे-धीरे दबे पाँव लोग, ग्रामीण मंच पर आते हैं और कम्पनी के चारों ओर खड़े हो जाते हैं।]

कम्पनी उस्ताद : एक घर फुँकवा आग लगावा
पीटत आपन तासा...

लड़का : *(गाता है :)*
एक घर फुँकवा आग लगावा
पीटत आपन तासा...

कम्पनी उस्ताद : कहत भारती धुनिया खोजो
पानी में गलत बतासा
हे साहब!
पानी में गलत बतासा
हे, सांहब.... पानी में गलत बतासा...

[सारे कलाकार कम्पनी उस्ताद के स्वर में स्वर मिलाते, गाते हुए मंच पर आ जाते हैं।]

सारे कलाकार : हे साहब,
पानी में गलत बतासा...!

[धीरे-धीरे प्रकाश बुझ जाता है।]

❂❂❂